J'habiterai au milieu de vous !
Ex 25.8

Sanctuaire terrestre et sanctuaire céleste

Du même auteur :

« *L'Apocalypse, un message d'espérance* »
Éditions Thélès (2ème tri 2012)

Série de dix brochures «*Dis, Maman, explique-moi…*»
Éditions Vie et Santé (1994)

« *L'Arbre de Vie, un interdit ou une promesse ?* »
Coll. Plaisir de Vivre, Éditions Vie et Santé (Nov 2012)

Etudes bibliques hebdomadaires sur le blog :
www.bibleetviechretienne.hautetfort.com

Couverture 1 : Icône moderne, © 2012
écrite par Joëlle, avec la grâce de l'Esprit Saint, dans l'atelier des Tourelles/St Matthieu de Tréviers

Evelyne Zuber

J'habiterai au milieu de vous !

Exode 25.8

Sanctuaire terrestre et sanctuaire céleste

Tous droits de reproduction totale ou partielle
et de traduction réservés.
© 2013 Auteur Evelyne Zuber
Illustrations : © Zabou, Googel images
Édition : BoD™ - Books on Demand,
12/14 rond-point des Champs Elysées, 75008 Paris, France.
Imprimé par BoD™ - Books on Demand GmbH, Norderstedt,
Allemagne.
ISBN : **978-2-322-030316**
Dépôt légal : mai 2013

Jésus dit :
« J'étais tous les jours assis dans le temple, et j'enseignais… » Matt 26.55

« Je serai avec vous tous les jours jusqu'à la fin du monde » Matt 28.20

Introduction

Dès le premier mot de la Genèse, Dieu semble avoir suggéré par le sens et la forme de la première lettre de la Bible, Beth = ב, que sa « *maison* » était le commencement, le fondement de toute vie[1]. La Maison de Dieu ouvre sa porte à l'avenir et offre une protection sûre à celui qui s'y réfugie.

Depuis le jardin d'Éden au milieu duquel le Seigneur planta l'arbre de vie, en symbole de sa présence éternelle, jusqu'à la Nouvelle Jérusalem présentée dans l'Apocalypse[2] comme « *le tabernacle de Dieu qui habitera avec les hommes, ils seront son peuple et Dieu lui-même sera avec eux*[3] », court dans la Bible ce désir de l'Éternel de « *faire sa demeure parmi les hommes* ». Entre ces

---

[1] Berechit = « Au commencement », Gen 1.1 ; rappelons que l'hébreu se lit de droite à gauche. Cette lettre étant associée immédiatement à Elohim, dans le texte, on peut penser qu'il s'agit de la Maison de Dieu.
[2] Les textes bibliques sont extraits de la version de la Bible Segond dite « À la Colombe »
[3] Ap 21.3

deux extrêmes, il n'a eu de cesse de chercher à le faire comprendre à son peuple, concrètement et symboliquement par l'ordre donné à Moïse de lui bâtir un sanctuaire et d'établir tout un rituel évocateur de son projet de salut. Puis Dieu le démontra physiquement et historiquement en s'incarnant en Jésus, appelé Emmanuel, « Dieu avec nous ». Enfin, par ses apôtres, il nous laisse entendre que Christ ressuscité accomplit par son Esprit un service spirituel parmi les hommes pour les préparer à entrer dans son Royaume éternel [4].

Sans prétendre épuiser le sujet, je tenterai dans cet ouvrage, à partir de l'observation de textes-clés, de comprendre la révélation divine à propos de sa volonté d'établir sa demeure parmi les hommes, et je chercherai quelles implications cette promesse a sur notre vie présente.

Pour cela je suivrai le chemin indiqué par Dieu lui-même : dans une première partie, nous verrons comment Moïse a compris et concrétisé

---

[4] Jean 14.2-3

dans le sanctuaire terrestre le « *modèle* » que Dieu lui avait montré dans une vision.

Une seconde partie sera consacrée à l'interprétation spirituelle des symboles du Dieu « Trinitaire », contenus dans les trois parties du sanctuaire terrestre.

Enfin dans une troisième partie, nous examinerons comment Christ accomplit sa promesse « *d'être avec nous tous les jours, jusqu'à la fin du monde*[5] », et de faire de nous des « *temples saints* » de son Esprit, pour la plus grande gloire du Seigneur Dieu[6].

La compréhension du vocabulaire biblique relatif à la demeure divine nous est nécessaire en préalable à toute interprétation des textes.
La Bible emploie indifféremment les mots de « sanctuaire, demeure, maison, temple, tabernacle » pour désigner « l'habitat » du Dieu Saint, tout en précisant que :

---

[5] Mat 28.30
[6] 1 Co 6.19-20 ; 10.31 ; 2 Co 6.16 ; Eph 2.22 ; Héb 3.6

- « *Dieu n'habite pas dans ce qui est bâti de main* (d'homme) »[7]
- Sa demeure est « *éternelle, dans les lieux élevés, et dans la sainteté, dans une lumière inaccessible* »[8].
- Mais il demeure aussi avec « *les opprimés et les humbles dans leur esprit, dans le cœur de ceux qui ont la foi en Christ* »[9].

On a donc une « localisation » double de la Maison de Dieu parmi les hommes, selon qu'on considère le bâtiment construit par les hommes appelé « tente de la rencontre, tabernacle », puis « temple, ou sanctuaire terrestre », ou le « lieu spirituel » du « corps du Christ », de « la maison de Dieu », qui n'est pas construit de main (d'homme)[10]. L'auteur de l'écrit aux Hébreux, par opposition au sanctuaire terrestre d'Israël à Jérusalem, qui n'était qu'une « *ombre des réalités célestes*[11] », situe le

---

[7] Act 7.48-49
[8] Es 57.15a ; 1 Tim 6.16
[9] Es 57.15b ; Jean 14.23 ; Eph 3.17
[10] 1 Co 12.27 ; 1 Pi 4.17 ; Hé 3.6 ; 8.2 ; 9.11
[11] Hé 8.5

« *véritable tabernacle hors de notre Création, dans le ciel même*[12] ». D'où cette appellation qui prête à confusion de « *sanctuaire céleste* ».

En effet, l'opposition entre terrestre et céleste ne se fait pas sur le plan géographique, physique, localisé soit sur notre globe terrestre, soit dans l'infini du cosmos. Cette opposition veut rendre accessible à l'esprit humain la différence entre les réalités visibles, matérielles, concrètes, naturelles et corruptibles de ce monde où nous vivons, et les réalités invisibles, abstraites, spirituelles et incorruptibles du monde de Dieu, qui est Esprit[13]. C'est ainsi que Jésus invite Nicodème et la Samaritaine, et à travers eux tout lecteur de la Parole, à dépasser le sens littéral des mots (comme naissance, eau, pain...[14]), pour parvenir à leur donner leur sens spirituel, c'est-à-dire touchant à la relation avec Dieu.

---

[12] Hé 9.24
[13] 1 Co 15.44, 46-49 ; 2 Co 4.18-5.1 ; 3.17 ; Jean 4.24
[14] Jean 3.12 ; 4.21, 23-24 ; 6.63

Première partie

Le Sanctuaire terrestre

Demeure du Dieu d'Israël

I- L'Éternel, Maître d'ouvrage et architecte

À l'époque du nomadisme des patriarches, puis de l'esclavage des Hébreux en Egypte, il n'existait pas d'autres lieux d'adoration de l'Éternel que les divers autels parsemés en Canaan par Abraham[15], ou Jacob[16]. À Béthel, Jacob en fuite érigea une stèle commémorative de sa vision de l'échelle, car il crut que Dieu était présent dans ce lieu, puisqu'il l'avait vu siégeant au sommet de l'échelle appuyée sur la terre. À son retour de chez Laban, c'est cette fois un autel qu'il plaça à Sichem et qu'il consacra au « Dieu d'Israël » qui venait de lui donner son nouveau nom au passage du gué de Jabbok[17]. Sur l'ordre de Dieu, enfin, il érigea un autel à Béthel, à l'endroit où Dieu lui avait parlé, pour remplacer la stèle dressée vingt ans plus tôt[18].

---

[15] Gen 12.8 ; 13.4, 18 ; 22.9
[16] Gen 28.12-13
[17] Gen 32.29 ; 33.20
[18] Gen 35.1, 7

Lorsque le peuple se fut rendu au Sinaï, Moïse monta sur la montagne et pendant quarante jours s'entretint face à face avec l'Éternel qui lui donna sa loi et ses instructions[19] :

Le texte de la fin de l'Exode détaille par le menu la construction de ce tabernacle, appelé « Tente de la Rencontre[20] » entre Dieu et les hommes.

Pour comprendre ce que pouvaient être ce « *plan* » et ce « *modèle* » que seul Moïse a pu voir, il nous faut d'abord préciser le sens de ce mot hébreu répété deux fois dans ce texte de l'Exode et traduit approximativement en grec par le mot « τύπος » = « type », dans les Actes et la lettre aux Hébreux[21]. Un « type » en français est, selon le dictionnaire Larousse, une « empreinte », « un modèle abstrait ou symbolique réunissant à un haut degré les traits essentiels des êtres ou objets de même nature ». Ainsi les personnages bibliques de Isaac, Joseph, Moïse, Josué, par leur histoire ou

---

[19] Ex 20 et 25.8-9 ; 33.11
[20] Ex 27.21
[21] Act7.44 ; Hé 8.5

certains traits de caractère, ont-ils été considérés comme des « types » de Jésus, leur « antitype », leur « modèle », celui qu'ils annonçaient et qui a accompli parfaitement leurs signes prophétiques. On voit qu'il y a glissement de sens dans la traduction grecque. Les personnages cités étaient des images, des copies, des « types » de leur « original » Jésus ! Comme toute copie faite de main d'homme, ils ne reproduisaient pas exactement leur modèle original !

Comme le maître d'ouvrage d'une construction, qui élabore un programme et confie à l'architecte le soin de le visualiser sur un plan et/ou par une maquette pour que l'entrepreneur général dirige ses ouvriers dans la réalisation concrète du bâtiment, l'Éternel, à la fois Maître d'ouvrage et architecte, a montré à son entrepreneur Moïse, un « modèle original» qui permettait de visualiser son programme spirituel de salut pour les hommes.

Que désirait Dieu sinon donner à l'homme déchu accès à la vie éternelle ? L'homme l'avait perdue par son choix d'indépendance de Dieu, tout à fait illusoire et trompeuse[22]. Moïse, comme prophète parlant avec Dieu face à face, eut la révélation merveilleuse du programme divin que L'Éternel avait lui-même traduit de façon à être perçu par des hommes pécheurs, « ramassis de gens[23] » sortis de 400 ans d'esclavage, ignorants presque tout de Dieu et incapables de saisir par eux-mêmes les réalités spirituelles et abstraites[24].

En effet, dans toute communication, pour se faire comprendre de son interlocuteur, l'émetteur du message doit utiliser un langage oral, visuel ou gestuel, qui soit aussi familier au récepteur que possible. C'est pourquoi, Dieu a adapté le concept de son programme de salut, à ce que Moïse, puis les Hébreux, pouvaient recevoir et saisir. Il a utilisé les connaissances architecturales et religieuses qu'avaient ces hommes nés et élevés en Egypte, mais leur a donné un autre sens. Le sanctuaire terrestre qui en est résulté était la copie de ce que

---

[22] Gen 3
[23] Nb 11.4
[24] 1 Co 2.11,14

Moïse avait vu et compris du « plan original » divin. Dans sa forme il ressemblait fort aux temples égyptiens, mais ses symboles et ses rites avaient un tout autre sens que ceux des Égyptiens.
Avant de chercher leur signification, nous examinerons la structure du tabernacle et les rites quotidiens et annuels que Dieu a établis pour que son peuple d'Israël l'honore et le serve, en comprenant qu'Il « *habitait au milieu d'eux*[25] », comme le suggérait la **disposition des tribus d'Israël** autour de la Tente de la Rencontre, pendant la traversée du désert.

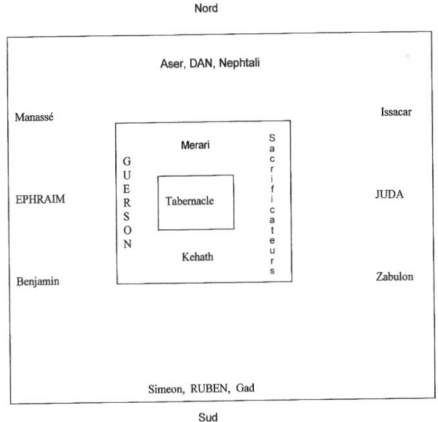

---

[25] Ex 25.8

Plan du Tabernacle

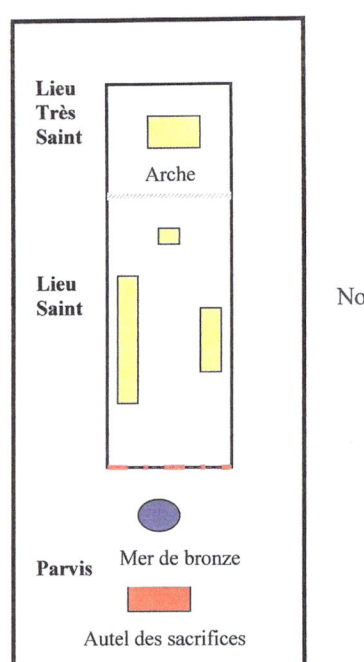

II- La structure du sanctuaire terrestre

Appelée « tabernacle », ou « tente de la Rencontre » dans la traversée du désert du Sinaï ou en Canaan, la demeure du Dieu d'Israël devint un bâtiment magnifique à Jérusalem, préparé par David et édifié par son fils Salomon. Si les dimensions en furent alors pratiquement doublées, la structure en resta identique.

Le lieu de culte comprenait comme ceux des Egyptiens, trois espaces principaux :

un **parvis**, ou cour des sacrifices, délimité, pour le Tabernacle, par une clôture de 2,5 m environ de haut, sur 46m de longueur et 23m de largeur, formée de tentures de lin tendues sur des colonnes (20 et 10, deux fois) . De l'extérieur on ne voyait que les tentures blanches et les chapiteaux, les bases des colonnes, elles, n'étaient visibles que de l'intérieur. On entrait sur ce parvis du côté est, par un rideau de lin brodé, de trois couleurs, pourpre, cramoisi et violet, qui était visibles de l'extérieur.

Le parvis contenait **un autel** de bronze poli **pour les sacrifices**, carré et orné d'une corne de bronze aux quatre coins. Entre cet autel et l'entrée du tabernacle, se trouvait une **cuve d'eau**, de bronze poli, dont le fond, tapissé avec les miroirs des femmes en métal poli[26], réfléchissait le ciel. Pour le temple de Salomon, construit en murs de pierres, le parvis des sacrifices fut précédé de deux autres cours, celle des hommes et celle des femmes.

Après sa destruction en 587 av JC par le roi de Babylone, Nebucadnetsar, le peuple fut exilé pendant 70 ans, et pleura amèrement son sanctuaire, croyant que Dieu l'avait abandonné puisqu'Il n'avait plus de demeure. Lorsque le gouverneur Zorobabel et le sacrificateur Josué posèrent de nouvelles fondations pour le reconstruire, au retour de l'exil, les vieux Juifs pleurèrent de joie mêlée de déception devant un

---

[26] Ex 38.8

ouvrage qui s'annonçait de bien moins grande beauté[27].

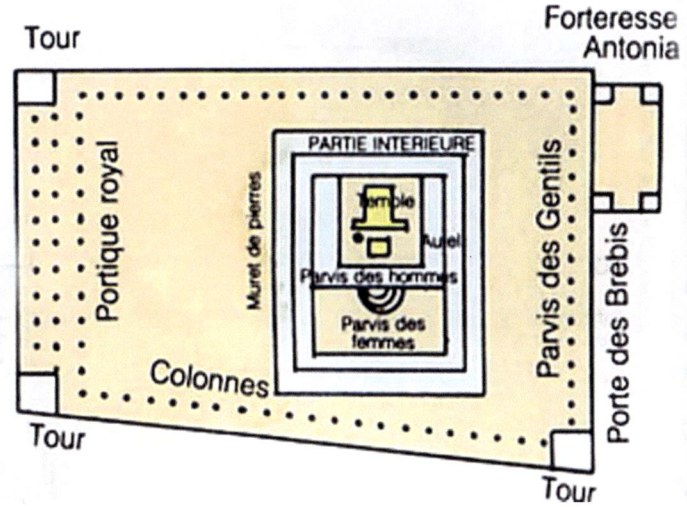

Sous Hérode le Grand[28], enfin, on inclut cet ensemble dans une esplanade où pouvaient pénétrer les « nations », ou « Gentils », c'est-à-dire les non Juifs, dont il ne reste que le Mur Occidental de clôture. Les rideaux d'entrée furent remplacés par des portes à doubles battants, et les proportions furent doublées. L'autel des sacrifices comporta trois niveaux auxquels on accédait par une rampe,

---

[27] Esdras 3.12
[28] 37 av JC à 4 ap JC

et le bassin des ablutions appelé la Mer de bronze ou de verre, reposait sur un socle formé de 12 taureaux de bronze, trois par côté. En outre de chaque côté du parvis, Salomon avait rajouté cinq cuves d'ablutions en bronze[29].

Dans le parvis du désert, au nord-ouest, se situait la **tente de la Rencontre** (devenue plus tard le sanctuaire), orientée d'est en ouest. Elle comprenait deux pièces, fermées elles aussi de rideaux brodés, de formes géométriques pour le premier rideau accroché à cinq colonnes[30], et de chérubins pour le second rideau qui était suspendu à quatre colonnes[31], et avait les mêmes couleurs que celui du parvis. Le tabernacle était couvert de quatre couvertures, l'une de fin lin brodé de chérubins, visible de l'intérieur, les autres de poil de chèvre, de peaux de béliers teintes en rouge et de peaux de dauphins imperméables.

---

[29] 1 Rois 7.21-38
[30] Ex 26.37
[31] Ex 26.32

La première pièce appelée le **Lieu Saint**, était rectangulaire, sa longueur étant le double de celle de la seconde pièce qui était un carré. Ce Lieu Saint n'était accessible qu'aux prêtres ou sacrificateurs qui y officiaient chaque jour. Il contenait du côté Sud, à gauche de l'entrée, un chandelier d'or à 7 branches, sculpté de corolles de fleurs, et d'amandes[32]. En face, du côté Nord une table d'acacia recouvert d'or recevait les douze pains de proposition qu'y disposaient les prêtres chaque sabbat. Devant le rideau aux chérubins donnant accès à la seconde pièce, des parfums brûlaient sur un autel d'or carré, orné de quatre cornes.

La seconde pièce tout au fond du sanctuaire était appelée le Saint des Saints, ou le **Lieu Très Saint,** de 18m de haut, et de 9m sur 9m. Là se trouvait l'arche de l'Alliance en bois recouvert d'or pur. Sur son couvercle d'or pur, et d'une seule pièce avec lui, deux chérubins agenouillés, faces tournées vers le bas, rejoignaient leurs ailes

---

[32] Ex 37.17-22

déployées par le haut. Ils formaient ainsi une sorte de trône, de siège où, depuis la dédicace du Tabernacle, Dieu descendait sous la forme de la Shekinah, colonne de feu la nuit et de fumée le jour[33]. Dans l'arche, on avait placé les deux tables de la Loi, puis le bâton fleuri d'Aaron et un vase d'or contenant de la manne[34].

L'arche, coffre semblable aux coffres sacrés des Égyptiens pour transporter les statues de leurs dieux, manifestait la présence du Dieu d'Israël, au sein de son peuple. Elle devint au cours de ses pérégrinations un objet sacré, qui provoquait une crainte respectueuse, parfois superstitieuse[35].

Dans le temple de Salomon, deux autres chérubins géants furent ajoutés pour protéger l'arche. En effet leurs ailes touchaient les côtés du Lieu Très Saint et se rejoignaient au plafond au centre de la pièce[36].

---

[33] Ex 25.22 ; 40.34 ; 1 Rois 8.10-11
[34] Ex 16.34 ; Nb 17.24 ; Héb 9.4
[35] 1 Sam 5.1-6.11 : épisode de sa capture par les Philistins ;
     2 Sam 6.1-11 : mort d'Uzza qui la toucha.
[36] 1 Rois 6.23-28

Cet édifice, à la fois simple et magnifique, était démontable et transportable au temps de la marche dans le désert. Lorsque le peuple se sédentarisa en Canaan, l'arche resta un long moment à Silo[37], puis dans divers autres lieux jusqu'à ce que David la ramène à Jérusalem dans un tabernacle provisoire[38], en attente de la construction du temple par Salomon. L'arche et la Shekinah[39] disparurent lors de la prise de Jérusalem par les Babyloniens en 586 av JC. Comme on ne la retrouva pas, il n'y eut plus d'arche ni de Shekinah dans le temple reconstruit après l'exil, ni sous Zorobabel, ni sous Hérode. Dans cette demeure, Dieu voulait faire comprendre à son peuple qu'Il était présent en son sein, mais aussi qu'Il voulait le sauver du péché et de la mort. Pour cela Il institua lui-même les rituels du service dans le sanctuaire.

---

[37] 1 Sam 3.3
[38] 2 Sam 6.17
[39] Colonne de feu la nuit, et nuée flamboyante de jour, au-dessus de l'arche.

III- les rites du sanctuaire terrestre

Moïse avait vu et compris le plan du salut que le Seigneur avait conçu, et dont Il lui avait expliqué tous les détails. Dieu lui indiqua alors comment l'enseigner au peuple par le moyen pédagogique et prophétique des rites qui devaient se dérouler dans Sa demeure.

Le rituel comprenait des cérémonies quotidiennes et des fêtes annuelles, basées sur des sacrifices d'animaux. D'où venaient ces sacrifices ? Les peuples non juifs qui entouraient Israël pratiquaient depuis l'Antiquité des offrandes ou des sacrifices sanglants d'animaux ou d'humains, pour tenter d'acquérir la faveur de leurs divinités. Les rites sacrificiels d'Israël leur ressemblaient-ils dans leur forme et dans leur signification ?

Nous nous attacherons d'abord à la description du rituel quotidien, ensuite du rituel annuel, avant d'aborder le sens spirituel que Dieu voulait que son peuple saisisse.

A- Au quotidien, L'Éternel avait institué le sacrifice d'un agneau, le matin et le soir[40], en holocauste « perpétuel », à l'entrée de la Tente de la Rencontre, car « *C'est là que je rencontrerai les Israélites et ce lieu sera sanctifié par ma gloire*» ajoute le Seigneur.

D'autres sacrifices au cours de la journée se déroulaient selon les besoins des fidèles avides de pardon ou reconnaissants envers leur Dieu.

Nous verrons dans notre deuxième partie la pédagogie de Dieu et les enseignements symboliques et prophétiques de ces sacrifices.

B- À ces rites quotidiens, s'ajoutaient des jours fériés et, selon un rythme précis, **trois fêtes annuelles** qui demandaient un pèlerinage du peuple vers le temple de Jérusalem.

---

[40] Ex 29.38, 43

L'année liturgique débutait au printemps par trois jours fériés groupés. Le plus important était la fête de **la Pâque**, le 14ème jour du mois de Nisan[41]. Elle était suivie le lendemain du jour férié appelé fête *des pains sans levain*, et sept jours après, du jour férié ou fête *des prémices,* où l'on offrait à l'Éternel en plus d'un agneau, les premières gerbes de la moisson, en souvenir de la première récolte en Canaan.

La Pâque, à l'origine célébrée dans les foyers, constitua le premier pèlerinage de l'année vers Jérusalem, lorsque le temple y fut construit. Elle commémorait la délivrance par l'Éternel[42] de l'esclavage en Égypte. On sacrifiait un agneau d'un an, sans tache ni défaut, dont on répandait le sang sur les linteaux des portes, et que l'on consommait immédiatement tout entier, en famille.

Le deuxième pèlerinage s'effectuait sept semaines après la Pâque, le lendemain d'un

---

[41] Premier mois de l'année religieuse, mais septième mois de l'année civile ! Il correspond à notre mois d'Avril.
[42] Ex 12.1-28, 43-51

sabbat, entre le 6 et le 12 du mois de Sivan[43], pour la **Pentecôte**[44]. Traditionnellement, c'était la date anniversaire de l'arrivée du peuple, délivré de l'Égypte, au mont Sinaï où il reçut la Loi. On y offrait des animaux sacrifiés dont dix en holocaustes, accompagnés d'offrandes de deux pains de fleur de farine et cuits avec du levain[45]. La Pentecôte était isolée au milieu de l'année religieuse.

Les trois jours fériés suivants, groupés eux aussi, se déroulaient à l'automne et terminaient l'année liturgique par le troisième pèlerinage pour la fête des Tabernacles. Ce pèlerinage était précédé par le jour férié **des trompettes**[46], célébré le premier jour du septième mois de l'année religieuse, au mois de Tischri[47]. Neuf holocaustes, un sacrifice d'un bouc et des offrandes de gâteaux

---

[43] = Juin
[44] Pentecôte signifie en grec « cinquantième » jour après la Pâque. Cela suggère une notion de reconnaissance pour la délivrance.
[45] Lév 23.15-22 ; Nb 28.26b-31
[46] Lév 23.23-24 ; Nb 29.1-6
[47] = Octobre de notre calendrier. Ce mois marquait le début de l'année civile. Il y avait donc un décalage entre l'année civile et l'année religieuse, d'où un certain flottement dans les datations des événements.

pétris à l'huile, marquaient ce jour publié par un appel des prêtres du sanctuaire au son des trompettes, pour convoquer le peuple autour du sanctuaire et se préparer au Jour des Expiations, dans la repentance et la méditation pendant dix jours.

Avait lieu alors le **Jour des Expiations**, qui demandait un rassemblement du peuple devant le sanctuaire, pour une célébration très solennelle, et importante pour tous, car elle assurait le peuple du pardon de Dieu pour les fautes de l'année écoulée. Elle commémorait la traversée du désert pendant 40 ans après que le peuple eut refusé d'entrer en Canaan[48]. Le peuple devait se rassembler autour du Tabernacle, au risque d'être exclu de la communauté des fidèles[49]. Ce jour constituait une sorte de jugement de chacun[50].

En effet, le grand sacrificateur entrait, seulement ce jour-là, dans le Lieu Très Saint, au-

---

[48] Nb 14 ; Lév 23.27. C'est devenu le « Jour du Grand Pardon »
[49] Lév 23.29-30 : « *Quiconque ne s'humiliera pas ce jour-là sera retranché de son peuple* ».
[50] Voir la description du rituel de ce jour particulier dans l'annexe 1

delà du voile, devant l'arche contenant la Loi de Dieu, pour procéder à une élimination des péchés du peuple, appelée « expiation ». Pour cela il aspergeait du sang pur d'un bouc sacrifié à l'Éternel sur le couvercle de l'arche.

Le grand prêtre représentait le peuple plongé dans l'humilité et l'attente de son pardon ; il procédait à la purification de tous les objets du sanctuaire qui avaient été souillés par le sang des animaux sacrifiés pour le péché dans l'année écoulée ; puis, s'il ressortait vivant du sanctuaire, alors qu'il s'était tenu devant le trône de Dieu[51] symbolisé par l'arche, le peuple comprenait que ses péchés de l'année étaient éliminés, transférés sur le bouc pour Azazel et détruits avec lui dans le désert.

La **fête des Cabanes ou des Tabernacles** constituait le troisième pèlerinage de l'année qui avait lieu cinq jours après les Expiations. Elle durait

---

[51] Les deux chérubins aux ailes jointes agenouillés sur l'arche formaient une sorte de siège où la « shekinah », colonne de nuée et de feu , descendait pour matérialiser la présence de Dieu. Ex 25.22 ; 40.35.

sept jours plus un, pendant lesquels chaque famille déménageait sous une tente ou une cabane de branches feuillues, et se réjouissait dans le repos complet, commémorant ainsi la fin de la vie au désert et l'entrée en Canaan.

L'année religieuse se terminait donc dans l'allégresse et le repos pour tous.

Voilà succinctement résumés, les moyens par lesquels Dieu se rappelait au souvenir de son peuple, lui manifestait sa présence et l'enseignait sur la relation qu'Il désirait entretenir avec lui, et sur l'avenir qu'Il lui proposait.

Après avoir chassé les vendeurs du temple, et devant l'indignation des Juifs pour cet acte d'autorité, Jésus leur répond : « *Détruisez ce temple, et en trois jours je le relèverai !* » Jean ajoute alors une parenthèse dans le récit : « *Il parlait du temple de son corps*[52] », ce que les disciples ne comprirent qu'après la résurrection. Jésus s'assimilait, par cette phrase, au temple

---

[52] Jean2.19,21-22

terrestre, et incitait les fidèles à voir en lui le « modèle original » de leur sanctuaire matériel.

Un peu plus tard, Jésus appela aussi la Samaritaine à « *adorer en Esprit et en vérité* » et non en s'attachant aux réalités terrestres destinées à disparaître[53]. Car le sanctuaire terrestre n'était que « *l'image et l'ombre des réalités célestes* », du « *sanctuaire et du véritable tabernacle, dressé par le Seigneur et non par un homme[54]* ».

Les croyants sont ainsi invités à considérer les « *choses d'en haut[55]* », et à comprendre le sens spirituel des instructions de Dieu dans le sanctuaire.

C'est ce que nous tenterons de faire à l'aide de l'Esprit Saint dans la seconde partie qui suit.

---

[53] Le temple de Jérusalem disparut entièrement sous l'assaut des troupes romaines de Titus en 70 ap JC.
[54] Héb 8.2
[55] Col 3.1-2

Seconde Partie

Le sanctuaire céleste

Demeure du Dieu « trinitaire[56] »

---

[56] Les mots « trinité » et « trinitaire » sont inconnus de la Bible. Il faudrait dire « trine » ou « triade » pour exprimer cette idée de Un en Trois. *Illustration : Miniature du 13ès*

Pour introduire mon développement, je voudrais d'abord préciser le sens que je donne à cette expression de « sanctuaire céleste » qui sert de titre à cette partie de mon ouvrage.

Comme nous l'avons vu précédemment[57], cette expression vient de la lettre aux Hébreux où l'auteur parle du « *véritable tabernacle hors de notre Création, dans le ciel même*[58] ». Il oppose donc le sanctuaire terrestre, passager et matériel, à ce qui avait été montré à Moïse sur la montagne du Sinaï dans une vision « céleste ».

Dans la Bible, on oppose la terre en tant que domaine des créatures visibles et concrètes, au ciel considéré comme la demeure des êtres invisibles mais bien réels, spirituels, Dieu, anges et démons. Dieu « *descend* » du ciel, pour voir la tour de Babel[59]. Le peuple hébreu pouvait prier le Seigneur en lui disant « *Penche-toi de ta demeure sainte des cieux et bénis ton peuple d'Israël*[60] ». Ainsi Salomon

---
[57] Page 6
[58] Hé 9.24
[59] Gen 11.5,7
[60] Deut 26.15

prie-t-il le Seigneur à la dédicace du temple de Jérusalem : « *Tu écouteras les supplications de ton serviteur et de ton peuple d'Israël lorsqu'ils prieront en ce lieu ! C'est toi qui écouteras de ce lieu où tu sièges depuis les cieux ; tu écouteras et tu pardonneras !*[61] ». Le temple terrestre était pour lui le lien avec la demeure « céleste » de Dieu. Sous le règne d'Ezéchias, les cieux sont considérés comme la « *sainte demeure de l'Éternel*[62] », car Dieu étant Esprit invisible, il est localisé tout naturellement dans le ciel invisible et infini.

Faut-il pour autant matérialiser cette demeure céleste en la faisant ressembler au sanctuaire terrestre ? Ce serait inverser le mouvement : C'est Dieu qui descend vers l'homme en lui donnant un « prototype[63] » de son plan du salut sous la forme matérielle du temple.

---

[61] 2 Chr 6.21. Au ciel, l'hébreu ne place pas de « tabernacle » de « sanctuaire » mais seulement des « lieux saints » (Mikdash en hébreu, traduit par Ta Hagia, en grec)
[62] 2 Chr 30.27
[63] En français, le mot « prototype » a pris un sens un peu différent du « type », désignant ainsi le premier exemplaire d'un modèle industriel.

À ce sujet la vision du nouveau temple donnée au prophète Ezéchiel en exil[64], pose problème, car bien des détails se rattachent au temple de Jérusalem que connaissait Ezéchiel, tandis que d'autres ne lui ressemblent guère.

Cette prophétie était destinée à rendre courage à Israël, abattu, exilé et désespéré par la destruction du temple de Jérusalem. Le prophète y voit la gloire de l'Éternel remplir la Maison, et il entend le Seigneur déclarer « *C'est ici le lieu de mon trône, le lieu où je poserai la plante de mes pieds. J'y habiterai éternellement*[65] ».

Ce temple ne ressemble en rien à celui reconstruit par Zorobabel après l'exil à Babylone, ni même au temple d'Hérode qu'a connu Jésus. Depuis 70 après JC où Jérusalem et son temple disparurent définitivement sous les assauts de l'armée romaine, un temple terrestre n'a jamais été rebâti. La vision d'Ezéchiel demanderait alors une lecture plus spirituelle que littérale.

---

[64] Ezéchiel ch 40-47.12
[65] Ez 43.5,7

En effet, alors qu'elle mentionne encore des rites de sacrifices ou des dimensions précises des lieux, on n'y trouve plus ni l'arche, ni son couvercle, ni l'autel des parfums, ni le chandelier, ni la table des pains, ni le voile, ni le grand sacrificateur ! Cela fait beaucoup d'omissions d'éléments essentiels au culte ! Par contre l'autel de bois du parvis et les rites de la Pâque et du Jour des Expiations tiennent une place importante[66], où le « prince » officie à la place du grand sacrificateur[67].

Enfin, la vision avait commencé après celle du rassemblement du peuple d'Israël dispersé, et de l'effusion de l'Esprit[68], et elle se termine sur le tableau du fleuve torrentueux qui sort du temple, tableau que Jean reprendra dans l'Apocalypse[69].

---

[66] Ez 43.13-27 ; 45.18-25
[67] Ez 45.17
[68] Ez 39.27-29
[69] Ez 47.1-12 ; Ap 22.1

Cette prophétie du nouveau temple pourrait se lire à plusieurs niveaux :

Au niveau historique on peut y voir une promesse encourageante pour les Juifs exilés : le temple de Jérusalem sera restauré sous Zorobabel le « prince » gouverneur[70], avec ses sacrifices et ses fêtes, mais sans l'arche disparue. Les mesures seraient alors littérales.

Au niveau messianique, Ezéchiel décrirait selon ses connaissances vétérotestamentaires, la construction du peuple de Dieu après la venue du Christ. Le baptême et la Sainte Cène y sont les sacrifices offerts en mémoire du Christ, modèle original de tous les rites du sanctuaire terrestre, et Chef, Prince et Souverain Sacrificateur de son peuple[71]. L'autel en bois de la vision symboliserait la croix où Christ a donné sa vie pour le salut des hommes, et le fleuve représenterait l'effusion abondante de l'Esprit sur l'Église. Les mesures seraient symboles d'un peuple nombreux dont Dieu

---
[70] Esdras 5.2
[71] Héb 7.26 ; 8.1

connaît les limites, mais au sein duquel Il consent à habiter.

Enfin au niveau eschatologique, le nouveau temple vu par Ezéchiel annoncerait la Jérusalem céleste vue par Jean, remplie de sa gloire, où il n'y a pas de temple ni arche, ni autel des parfums, ni chandelier, car Dieu et l'Agneau y habitent[72] avec les hommes. La présence de l'Agneau suffit à rappeler son sacrifice, et l'Esprit coule avec abondance pour désaltérer les fidèles et leur donner la vie éternelle.

Les mesures du nouveau temple et de la nouvelle Jérusalem indiqueraient que le nombre des rachetés qui les composent est malheureusement limité. La vie éternelle n'est possible que pour ceux qui acceptent le sacrifice de la vie de Jésus-Christ en leur faveur, « ceux *qui lavent leurs robes dans le sang de l'Agneau*[73] » !

L'indication que le temple d'Ezéchiel apparaît après le rassemblement d'Israël, nous fait penser à

---

[72] Ap21.3,10-22.5
[73] Jean 3.16, 18 ; Ap 7.14 ; 22.14

l'apparition de la Nouvelle Jérusalem, après le rassemblement du peuple des élus par le « jugement » préliminaire au retour de Christ, que l'Apocalypse nous décrit sous formes d'images symboliques dans ses chapitres 4 à 11[74].

Après cette « révélation[75] » des enfants de Dieu que la création attend avec un ardent désir, le Christ peut apparaître en gloire et prendre possession de son royaume[76].

Nous sommes invités par cette vision du temple restauré donnée à Ezéchiel, et par celle de la Nouvelle Jérusalem donnée à Jean, à décrypter le sens du sanctuaire terrestre, à dépasser le visible pour en comprendre les enseignements sur l'invisible : « *Cherchez les choses d'en haut, où le Christ est assis à la droite de Dieu. Pensez aux choses d'en haut et non à ce qui est sur la terre[77] !* ».

---

[74] Voir le livre de l'auteur : « L'Apocalypse, un message d'espérance » aux Ed. Thélès, ch 2 et 3
[75] Rom 8.19
[76] Ap 191-9
[77] Col 3.1-2

Telle est la recommandation de l'apôtre Paul. Il nous indique dans la lettre aux Corinthiens[78] que Adam, « *le premier homme tiré de la terre est terrestre, il est devenu un être vivant ; le second homme Christ vient du ciel, il est devenu un esprit vivifiant* ». Il assimile ainsi le céleste au spirituel, et après avoir parlé de « *corps naturel ressuscité corps spirituel* », il conclut en promettant que « *de même que nous avons porté l'image du terrestre, nous porterons aussi l'image du céleste* » pour autant que « *l'Esprit habite en nous*[79] ». Il indiquait par là que le corps ressuscité sera un corps dirigé par l'Esprit, destiné à vivre avec Dieu sur une terre entièrement renouvelée (Ap 21.1).

---

[78] 1 Cor 15.44-49
[79] Rom 8.11

Comment la **structure et les rites du sanctuaire terrestre** nous révèlent-ils les réalités spirituelles et invisibles du monde divin ? Comment à travers le sanctuaire terrestre Dieu permet-il aux fidèles de percevoir sa présence parmi eux et d'approcher le projet de salut qu'il leur offre ?

En choisissant de présenter sa Maison en trois parties, Dieu entrait dans un schéma connu des Hébreux avec les temples Égyptiens : la statue du dieu y était enfermée comme un trésor au fond du bâtiment et demeurait invisible des fidèles, les offrandes étaient déposées sur un autel extérieur, et les prêtres seuls pénétraient dans le temple.

Mais les trois parties du Tabernacle prenaient une signification de dimension spirituelle bien plus profonde, car elles donnaient une image triple[80] de Celui qu'on y adorait. Tous les éléments du Tabernacle étaient symboliques de la personne de Dieu et de son projet de salut pour l'homme.

---

[80] Voir la note 60

Par le sanctuaire, Dieu révélait sa solution au problème du péché qui accable l'homme depuis sa séparation d'avec son Créateur.

Comme pour la Création, les ordres divins donnés dans le livre de l'Exode pour la construction du Tabernacle du désert, viennent en sept étapes : l'arche, la table des pains, le chandelier, le tabernacle, l'autel des sacrifices, le parvis, la prescription d'entretenir perpétuellement les lampes du chandelier[81]. L'ordre placé au milieu concerne le Tabernacle ; il est le plus développé, ce qui accentue son importance. Le dernier ordre correspondrait au septième jour de la Création, le sabbat, parce que comme lui, il demande une collaboration de l'homme avec son Dieu. La construction du sanctuaire peut apparaître ainsi comme une seconde Création, spirituelle cette fois-ci, car le problème à résoudre est devenu spirituel.

---

[81] Exode 25.10-22 ; 23.30 ; 31-40 ; 26.1-37 ; 27.1-8 ; 9-19 ; 20-22.

A- Le parvis, demeure du Dieu Incarné en Jésus

Le parvis était clos de tentures portées par des colonnes dont on ne voyait de l'extérieur que les bases et les chapiteaux ; il ouvrait à l'est par un rideau formant une porte de séparation avec le reste du campement. Il représenterait le peuple terrestre d'Israël, élu selon la promesse faite à Abraham[82] pour porter le nom de l'Éternel et être une source de bénédiction parmi les nations[83]. Jésus n'a-t-il pas aussi répondu à la Samaritaine qui s'interrogeait sur le lieu d'adoration : « *Le salut vient des Juifs*[84] » ? C'est en effet dans son peuple que Dieu choisit de s'incarner en Jésus. Moïse avait promis au peuple que « *l'Éternel susciterait **du milieu de ses frères** un prophète comme lui, et Il mettrait Ses paroles dans sa bouche*[85] ».

---

[82] Gen 18.18
[83] Gen 12.2-3
[84] Jean 4.22
[85] Deut 18.18

Le parvis du Tabernacle

Esaïe, avait annoncé la venue dans le pays d'un « *Emmanuel* », qui signifie « Dieu avec nous »
Le parvis du Tabernacle préfigurait cette incarnation du Christ au sein de son peuple, pour le salut de tous, Juifs et Nations.

Les nations se situeraient à l'extérieur de la clôture du parvis. Pour bénéficier de ces promesses, il leur faut passer par la porte, à laquelle Jésus s'est identifié lui-même[86].

Pourquoi cette porte était-elle située à l'est ? L'orient est le point cardinal où apparaît la lumière du soleil après la nuit. Jésus est appelé par Zacharie, le père de Jean-Baptiste, « *le soleil levant qui nous visitera d'en haut pour éclairer ceux qui sont assis dans les ténèbres, et dans l'ombre de la mort*[87] ».

Les bases en bronze et les chapiteaux d'argent des colonnes évoquent d'autres caractères de Jésus. Il est le seul fondement solide de la foi du

---

[86] Jean 10.7,9
[87] Luc 1.78-79

peuple de Dieu, mais il en est aussi la tête, dans les sens d'origine et d'autorité[88].

Les crochets et les tringles des toiles de lin qui sont suspendues aux colonnes sont en argent. Ils unissent et consolident la stabilité des colonnes. Ils parlent de l'amour du Christ qui unit ses enfants les uns aux autres.

Quant aux tentures de lin pur qui forment la clôture du parvis, elles symbolisent par leur couleur immaculée, la pureté associée à la justice dont Christ revêt le croyant[89].

L'airain et les cornes de l'autel des sacrifices symbolisaient la puissance du Christ pour sauver. Celui qui voulait échapper à la menace d'un meurtrier, se réfugiait dans le parvis et saisissait une des cornes de l'autel, devenant ainsi « intouchable », sous la protection de Dieu[90].

La cuve des ablutions était, elle aussi, en airain, pour affirmer la vérité de la purification que Christ

---

[88] 1 Cor 3.11 ; Ap 1.15 ; Col 1.18 ; Eph 5.23
[89] Ap 7.13 ; 19.8,14 ; Gal 3.27 ; Eph 6.14
[90] 1 Rois 1.50-51 ; 2 Sa 22.3

opère dans la vie et l'être de ses fidèles, considérés comme ses sacrificateurs[91] pour la gloire de Dieu.

C'est sur le parvis que les fidèles venaient apporter leurs offrandes et sacrifiaient des animaux.

L'origine biblique du **sacrifice** remonte à l'Éden. En effet le récit de l'intervention de Dieu après la chute des humains inclut un verset qui suggère l'accomplissement d'un sacrifice d'animal par Dieu lui-même : « *L'Éternel fit à Adam et à sa femme des* **habits de peau** *dont il les revêtit*[92] ».

Pour se procurer ces habits de peau, Dieu a bien dû sacrifier un animal innocent afin que le couple puisse vivre dans un environnement modifié et abîmé par le péché de l'homme. Il annonçait par là qu'un innocent, Jésus, donnerait sa vie pour permettre au pécheur d'avoir accès à la vie éternelle[93]. La relation rompue avec Dieu serait rétablie, car Dieu lui-même en Jésus en assumerait

---

[91] Ap 1.1
[92] Gen 3.21
[93] Voir en Annexe 2 un extrait du livre d'E. Zuber, « L'Arbre de Vie » à propos de ce geste divin en Éden

la conséquence irrémédiable, la mort[94], en faveur de la vie de l'homme.

« Ce geste d'amour de Dieu remplira le couple de reconnaissance, et il enseignera à ses enfants à rendre grâces à Dieu par un sacrifice de foi et de soumission. Abel le comprendra et exprimera toute sa joie d'être pardonné dans le sacrifice d'un animal auquel il imposera les mains pour s'identifier à lui. Il fera ainsi le don de sa personne à un Dieu qui sauve[95], tandis que son frère Caïn manifestera son incompréhension du don de la grâce divine, en se contentant d'offrir les fruits de la terre pour se rendre Dieu favorable[96] ».

Les deux frères sont bien différenciés dans le texte biblique : pour son aîné, Ève mentionne avec fierté et reconnaissance la participation de Dieu à cette naissance. Rien de tel pour le second, qualifié par anticipation de « fragile », de « vanité ». N'a-t-

---

[94] Rom 6.23 : « le salaire du péché, c'est la mort, mais le don gratuit de Dieu c'est la vie éternelle en Christ Jésus notre Seigneur »
[95] Gn 4 et He 11.4
[96] Les deux frères deviennent ainsi les « types » des deux genres de sacrifices : le sacrifice chrétien, et le sacrifice païen. « L'Arbe de vie » p 53-54)

elle retenu de cette naissance que les difficultés de l'accouchement annoncées par Dieu (3.16) ? Leurs professions font remplir par l'un et l'autre les fonctions confiées à Adam : avant la chute (1.26), dominer sur les animaux (= Abel, éleveur) ; après la chute (3.19) cultiver le sol pour se nourrir (= Caïn, agriculteur). L'un et l'autre contribuent donc à la vie et à l'entretien de l'environnement comme de l'homme.

Toutefois, même si tous deux viennent adorer Dieu, la nature des offrandes manifeste une différence d'état d'esprit entre les deux frères. Comme le texte le suggère, Dieu regarde le donateur *avant* l'offrande : « *Il porta un regard favorable sur Abel et sur son offrande, mais il ne porta pas un regard favorable sur Caïn ni sur son offrande*[97] ». D'où vient la différence entre les deux frères ? L'offrande d'Abel demande un choix plus précis et réfléchi : les premiers nés de *son* troupeau, et parmi eux les plus gras, tandis que celle de Caïn n'a aucune mention particulière ; les

---

[97] Gen 4.4b,5a),

fruits du sol ne sont pas précisés, et Caïn s'est contenté de ramasser ce qu'il trouvait. Leur offrande correspond à leur métier, mais tuer un animal a demandé de la part d'Abel un abandon total, un renoncement, le sacrifice d'un profit quelconque. À travers l'animal, il *se* donnait tout entier à Dieu et lui confiait *sa* vie, en reconnaissance de la vie que le Seigneur leur avait accordée malgré la chute de leurs parents, et leurs propres égarements.

Les textes de la première lettre de Jean et de l'écrit aux Hébreux[98], permettent d'approcher les raisons de la faveur de Dieu. Abel, par un sacrifice à l'image du geste accompli par Dieu en Éden pour donner un vêtement de peau aux humains et leur permettre de vivre hors de l'Éden[99], manifesta sa foi dans sa promesse de salut, et sa dépendance de Dieu pour vivre. Caïn, par l'offrande de fruits du sol, manifestait sa méconnaissance ou son indifférence pour le sens spirituel des gestes de Dieu, enseignés par ses parents. Ses œuvres sont « *mauvaises* »

---
[98] 1 Jean3.12 ; Héb 11.4
[99] Gen 3.21

car elles trahissent une foi païenne où l'offrande sert à s'acquérir la faveur d'une divinité qui fonctionnerait sur le mode du « donnant-donnant ». Par sa réaction de jalousie, Caïn révéla que son cœur était intéressé et incapable de saisir la bonté de Dieu.

Mais le sacrifice qui est « le type, ou la préfiguration » de celui de Jésus se trouve un peu plus loin dans la Genèse, à l'apogée de la vie de foi d'Abraham[100]. Dieu avait donné l'ordre à Abraham de prendre son fils Isaac et de le « *faire monter* » à Morija (v 2). Influencé sans doute par la coutume de son environnement païen où, sur les « hauts lieux », des sacrifices humains se pratiquaient pour plaire aux dieux, Abraham comprend cet ordre comme celui « *d'offrir en holocauste*[101] » son fils unique, bien-aimé.

Pour ce sacrifice monstrueux, Abraham a tout prévu, feu et bois, mais pas la bête. À la question

---

[100] Gen 22.1-14
[101] À partir de là, dans le langage religieux, le verbe prendra ce sens pour désigner le sacrifice totalement brûlé d'un animal, en signe de reconnaissance.

de surprise d'Isaac qui s'inquiète de ne pas voir d'animal, Abraham répond avec foi que « *Dieu pourvoira !* ». Isaac monte avec son père, en portant le bois sur lequel il sera lié et déposé.

Les chrétiens ont vu dans cet acte, la prophétie de Jésus montant au Golgotha chargé de la croix sur laquelle il donnera sa vie.

De même, la substitution d'un bélier pour être sacrifié et pour permettre à Isaac de retrouver la vie dans une sorte de résurrection[102], leur paraît une préfiguration de la mort et de la résurrection de Christ pour donner la vie éternelle au croyant[103] ».

Par ce sacrifice où un bélier se substitua à Isaac, Dieu enseigna à Abraham qu'Il ne désirait pas de sacrifices humains, mais le don gratuit de son cœur.

Ces deux premiers sacrifices accomplis par des hommes nous montrent que l'institution des sacrifices dans le sanctuaire terrestre correspondait

---

[102] He 11.19
[103] Extrait de « l'Arbre de vie » p 77, d'E. Zuber aux éditions «Plaisir de vivre » Vie et Santé.

à des coutumes universellement pratiquées dans l'Antiquité. Le Seigneur les utilisa en leur donnant un autre sens symbolique, car il voulait attirer le regard de ses adorateurs sur des vérités spirituelles qui les dépassaient, et sur la réalité de sa présence au milieu d'eux.

À partir de là, le sacrifice d'un animal sur l'autel du parvis se différenciera des sacrifices païens, par le sens prophétique et messianique qu'on lui accorde. Il marque la reconnaissance du croyant pour le don divin du pardon et de la Vie éternelle ; il ne doit servir en aucun cas à s'attirer les faveurs d'un Dieu que l'on craint. Il est aussi le symbole du don de sa personne et de sa vie au Dieu Créateur et Sauveur.

En imposant ses mains sur l'animal qui allait être sacrifié, le pécheur transférait symboliquement sur lui son péché qui était mis à mort avec l'animal. C'est ce que l'apôtre Paul interprète en transposant sur le plan spirituel : « *Offrez vos corps comme un* sacrifice vivant, saint, agréable à Dieu[104], ce qui sera de votre part un culte raisonnable », en reconnaissance pour le Christ « *qui n'ayant pas connu le péché, a été fait péché en notre faveur* » et « *a sur la croix réduit à l'impuissance notre vieille nature pécheresse*[105] ».

La répétition quotidienne et lors des fêtes annuelles de ces sacrifices et holocaustes enseignait aux fidèles à se tourner chaque jour et en toutes circonstances vers un Dieu d'amour, qui pourvoyait à tous leurs besoins, et résolvait lui-même le problème de leur séparation d'avec Lui.

Alors que ces rites ne pouvaient sauver que virtuellement, le sacrifice du Christ qu'ils préfiguraient, accomplit totalement et une fois pour toutes le salut des croyants : « *Il a paru une seule fois pour abolir le péché par son sacrifice*[106] » affirme l'auteur de l'écrit aux Hébreux.

---

[104] Rom 12.1
[105] 2 Cor 5.21 ; Rom 6.6
[106] Héb 9.26

Ces sacrifices étaient aussi offerts lors des fêtes annuelles de la Pâque et de Pentecôte.

Le rite de la Pâque, avec le sacrifice d'un agneau sans tache, et l'aspersion du sang sur le linteau de la porte, rite ordonné par Dieu dans la nuit de la sortie d'Égypte, commémorait cette libération de l'esclavage, mais préfigurait aussi le sacrifice de l'Agneau de Dieu « *notre Pâque*[107] », pour nous libérer de l'esclavage spirituel du péché.

Comme l'autel des sacrifices occupait la place centrale sur le parvis, de même le sacrifice de Christ occupe la place centrale dans la théologie de Paul et dans la vie spirituelle des croyants en Jésus-Christ : « *Je n'ai pas jugé bon de savoir autre chose parmi vous, sinon Jésus-Christ, et Jésus-Christ crucifié*[108] ».

Le sang des victimes qui n'étaient pas offertes en holocauste, mais en simple « sacrifice de pardon

---

[107] 1 Cor 5.7
[108] 1 Cor 1.23 ; 2. 2

ou d'expiation[109] », était en partie recueilli par le sacrificateur qui en oignait les cornes de l'autel du parvis. Le sang du sacrifice symbolisait la vie du pécheur qu'il consacrait à Dieu, en reconnaissance du pardon que Dieu lui offre, avant même qu'il s'approche de Lui[110]. Par ce sang, il remettait aussi son péché sous la puissance d'amour et de pardon de Dieu, pour qu'il l'efface et brise ainsi l'obstacle qui le sépare du Dieu Saint.

Car ce sang représentait aussi la vie de Christ donnée pour effacer le péché de l'homme. C'est ainsi que « *le sang de Christ, moyen d'expiation donné par Dieu, nous purifie de tout péché* », car « *sans effusion de sang, il n'y a pas de pardon*[111] ». Sans le don de sa vie par Christ, il n'y a pas possibilité de réconciliation avec Dieu, et de vie éternelle, pour l'homme englué dans la toile d'araignée du péché qui entraîne la mort.

---

[109] Ce mot signifie dans la Bible, « enlèvement, effacement de la faute confessée», et non paiement de la faute. C'est Dieu qui ôte le péché et non le pécheur qui paie sa faute !
[110] Rom 5.8
[111] Rom 3.25 ; 1 Jean 1.7 ; Héb 9.22

Cette notion de sacrifice sanglant pour sauver est complètement étrangère à notre société d'aujourd'hui. Pourtant, si l'on pense au sacrifice d'eux-mêmes qu'ont fait les « Justes » de la guerre de 1940, pour sauver des enfants ou des adultes juifs condamnés à la déportation et à la mort, on peut mieux saisir le sens du « sacrifice », du don total de soi, de Jésus, à une autre échelle, puisque c'est pour sauver de la mort spirituelle l'humanité !

De même pour accepter ou donner un pardon, il est nécessaire de faire une démarche d'abandon de son orgueil, de son désir de réparation ou de reconnaissance de ses droits, en véritable sacrifice de ce qui fait obstacle à la relation avec l'autre !

À la Pentecôte, outre les sacrifices d'animaux, on offrait aussi deux pains cuits avec du levain, représentant notre vie bien imparfaite, offerte à Dieu : le levain lorsqu'il est cuit perd son pouvoir de fermentation ; il était symbole du péché[112], qui, cuit au feu du Saint Esprit et de la grâce, perd son pouvoir de mort sur le pécheur. Mais le levain fait

---

[112] Mat 16.6

aussi lever toute la pâte, il devient alors symbole du Royaume de Dieu[113], né par Jésus dans l'humilité et l'obscurité, mais se développant dans les cœurs sur toute la terre. Par ces deux pains de la Pentecôte, liée aux prémices de la moisson du blé, était prophétisée l'offrande à Dieu de la première moisson du Seigneur après qu'il eut semé sa Parole dans les cœurs[114].

Avant d'entrer dans le Tabernacle, le sacrificateur devait se purifier en se lavant les pieds et les mains dans la cuve des ablutions. Celle-ci, par l'airain dont elle était composée symbolisait la puissance du Christ pour laver les péchés et purifier le pécheur. Les miroirs du fond de la cuve reflétaient le visage du prêtre, comme « *la parole de Dieu révèle le visage naturel*[115] » de celui qui la lit. La cuve des ablutions se trouvait sur le parvis et non dans le sanctuaire, car la purification concerne l'homme naturel, non l'homme dirigé par

---

[113] Mat 13.33
[114] Mat 13.23
[115] Jac 1.23

l'Esprit : dans le sanctuaire, il n'y a pas de place pour l'eau purificatrice, seul y demeure le sang, symbole de la vie.

L'eau des ablutions, élément naturel constitutif en majorité du corps humain, annonçait l'eau du baptême, symbole de la mort et de la résurrection de Christ[116]. Jésus lui-même est passé par les eaux du baptême avant de commencer son ministère terrestre, en symbole de la nécessité pour la nature humaine d'être lavée, et en préfiguration de sa mort et de sa résurrection à la fin de son ministère accompli en faveur de tous ceux qui croiraient en lui.

L'eau peut évoquer aussi la pluie[117] de l'Esprit venu à la Pentecôte pour purifier, laver, l'esprit des disciples. Cette pluie éliminait leurs conceptions du salut limitées à la politique et à la gloire terrestre. Elle leur permettait d'entrer dans le temps de l'Église, soumise à la direction de l'Esprit.

---

[116] Rom 6.3-4 ; Col 2.12
[117] Selon l'image du prophète Joël de la pluie de la première et de l'arrière saison : Joël 2.23 ; 3.1

Conclusion sur le parvis « céleste »

La cour des sacrifices serait donc la demeure du Dieu incarné, et représenterait l'œuvre terrestre du Fils Jésus, au sein de son peuple, pour vivre avec lui, l'éclairer sur le caractère d'amour du Père, lui offrir son pardon, en se sacrifiant pour qu'il vive et soit purifié, de façon à constituer un peuple saint.

Tous les détails devaient évoquer et préfigurer le Sauveur. Rien n'était laissé au hasard ou à l'initiative des hommes, car le salut ne peut s'accomplir que par Dieu, incarné en son Fils Jésus.

La première étape de ce salut se passa sur terre, elle fut visible et ancrée dans l'histoire humaine, mais il fallut la pluie de l'Esprit à la Pentecôte pour que les disciples commencent à en discerner le sens spirituel.

B- Le Lieu Saint, demeure du Dieu Esprit

Si les fidèles avaient accès au parvis, seuls les sacrificateurs pénétraient chaque jour par un rideau d'entrée, dans le Lieu Saint, pour porter le sang des victimes sur les cornes de l'autel d'or situé devant le voile du lieu Très Saint, et y faire brûler des parfums.

L'auteur de l'écrit aux Hébreux interprète ainsi ce service quotidien : « *Christ est devenu un souverain sacrificateur miséricordieux et fidèle dans le service de Dieu, pour faire l'expiation des péchés du peuple... Il est sacrificateur pour l'éternité, ministre du sanctuaire, du véritable tabernacle dressé par le Seigneur et non par un homme …Il est le médiateur d'une alliance meilleure*[118] ».

Paul de même invite les Corinthiens à se considérer en tant que communauté, comme « *le temple du Dieu vivant* » où « *J'habiterai et marcherai au milieu de vous*[119] » dit l'Éternel.

En Esprit, chaque jour, Jésus offre sa médiation en réclamant comme siens ceux qui se sont placés au bénéfice de son sacrifice (= sang), il intercède pour eux, c'est-à-dire qu'il se place entre la sainteté de Dieu et le pécheur, pour que ce dernier ne soit pas détruit ; il lui pardonne, et par son Esprit l'éclaire comme le symbolise le chandelier à sept branches toujours lumineux. Par sa Parole, il nourrit son Église sans interruption, comme le suggère la table des pains de proposition renouvelés chaque sabbat par les sacrificateurs auxquels ils étaient destinés.

---

[118] Héb 2.17 ; 7.21 ; 8.2 ; 8.6
[119] 2 Cor 6.16

Christ après sa mort et sa résurrection, dont on pouvait voir la préfiguration dans le baptême d'eau[120] de la cuve des ablutions, a disparu de notre vue physique, est « *monté au ciel* », retrouvant la gloire de son Père, pour servir dans l'Église par son Esprit : « *Il vous est avantageux que je m'en aille, le Consolateur viendra vers vous, car je vous l'enverrai...L'Esprit de vérité vous conduira dans toute la vérité[121]* ».

Ainsi, Christ est-il passé au-delà du rideau que constituait son corps visible, véritable voile[122] à nos yeux de pécheurs ; il est entré dans le sanctuaire invisible, construit et habité par l'Esprit de Dieu, cette maison spirituelle, dans laquelle il officie pour nourrir, éclairer les siens et leur accorder son intercession. C'est ce que symbolisait le service quotidien du sacrificateur devant et sur

---

[120] Le baptême est le symbole de la mort et de la résurrection de Christ, Rom 6.4
[121] Jean 16.7, 13.
[122] Héb 10.20-21

l'autel d'or du Lieu Saint, d'où montait l'encens[123] qui mettait un voile de fumée protecteur entre le péché humain et la sainteté de Dieu. C'est pourquoi l'auteur de l'écrit aux Hébreux peut affirmer que *« Christ n'est pas entré dans un sanctuaire fait de la main d'homme, imitation du véritable, mais dans le ciel même, afin de se présenter pour nous devant la face de Dieu*[124]* »*.

Paul ne déclare-t-il pas aussi que *« Christ nous a ressuscités ensemble et nous a fait asseoir ensemble dans les lieux célestes en Christ Jésus*[125] *»* ? Physiquement, nous sommes sur terre, mais spirituellement nous formons le sanctuaire « céleste » où Christ est présent par son Esprit au milieu de nous.

---

[123] L'encens, symbole des prières d'intercession de Christ ou des fidèles (Ap 5.8), protégeait le pécheur qui s'approchait du Dieu Saint.
[124] Héb9.24, étant entendu que le ciel désigne le monde spirituel et invisible de Dieu, les « lieux saints » (Mikdash en Hébreu)
[125] Eph 2.6

Conclusion sur le Lieu Saint « céleste »

Le Lieu Saint du sanctuaire terrestre voulait suggérer aux fidèles l'œuvre du Dieu Esprit pour ceux qui ont été « *faits par Lui sacrificateurs[126]* », et qui « *s'approchent de Lui, d'un cœur sincère, avec une foi pleine et entière, le cœur purifié d'une mauvaise conscience et le corps lavé d'une eau pure[127]* ». Le Lieu Saint du sanctuaire céleste n'est autre que la maison spirituelle formée par tous ceux qui croient en Jésus-Christ comme leur Sauveur, et veulent le servir sous l'animation et la direction de l'Esprit Saint. S'ils ont les yeux fixés vers le ciel, vers « *les choses d'en haut* », ils n'en vivent pas moins sur terre, en « *ambassadeurs* » du Royaume de Dieu[128]. C'est parmi eux que, par l'Esprit, le Sauveur remplit ses fonctions de « grand prêtre », médiateur, guide, libérateur du péché, marchant au milieu des chandeliers de son Église[129].

---

[126] Ap 1.6
[127] Héb 10.22
[128] 2 Cor 5.20
[129] Ap 1.20

L'arche de l'alliance du lieu Très Saint

C- Le Lieu Très Saint, demeure du Dieu Père, Roi et Juge.

Le Lieu Saint était séparé du Lieu Très Saint par un rideau brodé de chérubins[130], comme ceux qui couvraient de leurs ailes l'arche de l'alliance, le seul meuble de cette dernière pièce du Tabernacle. Ils étaient aussi brodés sur la couverture intérieure en fin lin teinté qui servait de plafond au Tabernacle[131].

Que représentaient ces chérubins ?

Outre les chérubins gardiens de l'Arbre de Vie[132], et la description de ceux du temple, de nombreux textes de l'Ancien Testament nous parlent de ces êtres appelés tantôt animaux, tantôt chérubins, tantôt séraphins[133], tant leur allure est fantastique, semblable à celle des sphinx qui gardaient les temples et les palais de l'Égypte, ou des lions à Babylone.

---

[130] Ex 26.31, 33 ; 2 Chr 3.14
[131] Ex 26.1
[132] Gen 3.24
[133] Ex 25.19 ; 1 R 6.23-28 ; Ez 1.5-14,22,26 ; Ez 10.1-7 ; Es 6.1-3

Tous ces textes de visions présentent les quatre êtres portant sur leurs têtes une étendue de cristal, ou mer de verre, sur laquelle repose le trône de Dieu, dont ils sont indissociables. Ils assistent Dieu, assis sur son trône en qualité de roi et de juge, dans une œuvre de purification des lèvres du prophète Ésaïe, ou d'apposition d'une marque protectrice sur les fidèles de Dieu à Jérusalem[134].

Les êtres vivants sont au nombre de quatre pour symboliser que Dieu dans cette œuvre de jugement s'occupe de la terre[135], lieu donné à l'homme en gérance et en habitation[136]. Seuls les habitants humains de la terre sont concernés par le jugement de Dieu puisqu'ils sont seuls à avoir péché et à avoir entraîné la terre sous la domination de Satan.

Les nombreux yeux de ces êtres symboliques représentent la faculté de Dieu de

---

[134] Ez 9.2-4 ; 10.1-7
[135] Ap 7.1
[136] Gen 1.28

discerner les choses cachées, invisibles et spirituelles[137].

Examinons leurs faces :

Le lion est dans la Bible, symbole d'assurance, de force, de bravoure, qui font de lui un héros victorieux[138]. Cette qualité de vainqueur confère au Lion de Juda, rejeton du roi David, la dignité d'ouvrir le livre aux sept sceaux[139]. Ainsi le lion devient-il symbole de la majesté royale et victorieuse de Jésus, qui donne à ses rachetés la victoire sur la bête du péché et de la mort.

Le veau (ou un bovidé) est l'animal des sacrifices d'alliance entre Dieu et l'homme[140] ou celui de l'eau d'expiation et de purification où l'on mêlait la poudre des os d'une vache *rousse* (= couleur du *sang*[141]). Ce chérubin rappelle la miséricorde, la compassion, l'amour du Christ qui a donné sa vie et son sang pour le pardon des

---

[137] 2 R 6.17 ; Luc 24.31
[138] Pr 28.1 ; Jg 14.18 ; 2 S 17.10 ; Pr 30.30-31
[139] Ap 5.5
[140] Gn 15.9 ; Jé 34.18-20
[141] Nb 19.2-6

péchés des hommes, et qui a ainsi scellé alliance avec ceux qui acceptent de bénéficier de ce sacrifice.

L'homme est la seule créature « à l'image de Dieu », donc douée de discernement, d'intelligence, de capacité à choisir ses lois de vie[142]. Le chérubin à tête d'homme évoque la capacité du Grand Législateur et Juge, symbolisé par l'image de Dieu sur son trône, à discerner le bien du mal, à donner sa loi, à faire le tri, et à décider qui appartient ou non à son peuple.

L'aigle est dans la Bible un rapace, un vautour qui dévore toute chair atteinte par la mort. Il exécute avec rapidité le châtiment divin sur les violateurs de la Loi[143]. Ce chérubin symboliserait la détermination et le pouvoir de Dieu d'éliminer le mal et ceux qui le pratiquent, dernière phase du jugement de Dieu libérateur et « réhabilitateur »[144] de son peuple.

---

[142] Pr 12.8 ; 1 Co 2.14-16 ; Dt 30.19-20
[143] Es 46.11 ; Ha 1.8 ; Os 8.1 ;
[144] Ap 11.18 ; Jg 2.16 ; 1R 3.27-28 : jugement de Salomon

Ainsi les quatre êtres vivants, chérubins porteurs du trône[145], symboliseraient les qualités que Dieu met en œuvre pour juger les hommes ; on les retrouve chez Ésaïe[146] : « *l'Éternel est notre juge, l'Éternel est notre législateur, l'Éternel est notre roi, c'est Lui qui nous sauve* » ; ou encore dans les Psaumes[147] : « *la justice et le droit sont la base de ton trône, la bienveillance et la vérité se tiennent devant ta face* ».

On pourrait ainsi attribuer la justice au lion, la bienveillance au veau, la vérité à l'homme, la droiture à l'aigle. Cela signifierait que la dignité royale est conférée au Lion de Juda, Jésus, vainqueur de Satan, que la grâce du pardon est acquise par le sacrifice de Jésus, que Dieu a un discernement équitable dans sa fonction de juge, et a le pouvoir d'exécuter ses sentences et d'éliminer le mal.

---

[145] Ap 4.6 ; Ez 1.5, 22, 26

[146] Es 33.22
[147] Ps 89.15 et 97.2 ;;

Brodés sur le voile de séparation entre les deux pièces du Tabernacle, les chérubins rappelaient aux prêtres qui officiaient chaque jour dans le Lieu Saint, qu'on ne pouvait se présenter devant l'Éternel qu'en acceptant avec humilité Celui que symbolisait le voile porteur de ces « figures emblématiques » de Dieu.

Le voile qui devait « *servir de séparation entre le lieu Saint et le lieu Très Saint*[148] » représente en effet le Christ incarné pour le salut des hommes qui le suivent. Lors de sa mort sur la croix, c'est ce voile qui s'est déchiré dans le temple de Jérusalem, du haut jusqu'en bas (en signe que c'était une action divine et non humaine), ouvrant l'accès à l'Arche de l'Alliance[149]. Le voile du péché qui nous séparait de Dieu[150], et que Christ a porté[151], fut déchiré par sa mort. Le pécheur qui reconnaît ce sacrifice de Christ peut s'approcher du trône de grâce avec l'assurance de ne plus être

---

[148] Ex 26.33
[149] Mat 27.50-51 ; Marc 15.37-38 ; Luc 23.44-46
[150] Es 59.2
[151] Es 53. 6, 12 ; Héb 9.28

condamné par la transgression de sa Loi comme l'Écrit aux Hébreux l'affirme[152] : « *Nous avons l'assurance d'un libre accès au sanctuaire par le sang de Jésus* ». Le voile déchiré par l'initiative de Dieu montrait au peuple juif que les rites du temple terrestre étaient périmés puisque Christ en avait accompli toutes les préfigurations. L'adoration de Dieu qui est Esprit, se ferait désormais en Esprit et en Vérité[153] au sein du sanctuaire spirituel de son peuple.

Dans le lieu Très Saint, dissimulée par le voile aux chérubins, se trouvait l'Arche de l'Alliance, sur le couvercle de laquelle se penchaient deux chérubins en or, contemplant et protégeant la loi divine qu'elle contenait. Dieu avait déclaré à Moïse que c'est « *du haut du propitiatoire*[154] (= le couvercle), *entre les deux chérubins placés sur l'arche du Témoignage* (= de la Loi), *qu'il lui parlerait, lui donnerait tous ses ordres et le*

---

[152] Héb 10.19
[153] Jean 4.23-24
[154] Le mot hébreu est de la même racine que « kipper » = couvrir, protéger, expier.

rencontrerait[155] ». C'est entre les deux chérubins de l'arche qu'on pouvait voir la Shekinah, colonne de nuée flamboyante par laquelle le Seigneur manifestait sa présence[156].

L'Arche était le symbole du Dieu qui descendait faire alliance avec son peuple, et lui donnait les lois de son gouvernement. Rompre l'alliance, c'était ne pas mettre en pratique ses commandements[157]. On comprend mieux la nécessité d'un intermédiaire entre le pécheur et la justice de Dieu. Le couvercle avec ses chérubins représentait la médiation de Christ dans le jugement de Dieu, car il est le seul homme ayant obéi à la Loi, et qui peut ainsi « protéger » l'homme pécheur et « effacer » la condamnation qu'il mérite[158]. « *C'est lui que Dieu a destiné, par son sang à être pour ceux qui croiraient, le « propiatoire »* (= moyen d'expiation, c'est à dire de protection, et

---

[155] Ex 25.22 ; 30.6
[156] Lév 16.2 ; Ex 40.34 ; Ps 80.2 ; 99.1
[157] Lév 26.14-16
[158] Rom 8.1

d'effacement du péché) *afin de montrer sa justice*[159] ».

De même la manne et le bâton fleuri d'Aaron, déposés dans l'arche, voulaient faire comprendre au croyant que le vrai pain du ciel serait donné en Jésus-Christ, qui avait la puissance de faire revivre ce qui était mort[160].

Ainsi le Lieu Très Saint, demeure dans laquelle reposait la gloire de Dieu, préparait-il le peuple d'Israël à accepter l'œuvre de Juge Libérateur[161] de la mort et du péché, qu'accomplit l'Éternel en Jésus-Christ.

Pourtant l'arche restait inaccessible aux prêtres pendant les services quotidiens. Sa présence dans le Lieu Très Saint prenait toute sa signification symbolique lors du seul jour où le grand prêtre pouvait se présenter devant elle au Jour des Expiations.

---

[159] Rom 3.25
[160] Jean 6.31-35 ; Rom 6.4
[161] Le rôle des Juges en Israël fut avant tout de libérer le peuple de ses oppresseurs, Juges 2.16

Il est important de connaître le **rituel du Jour des Expiations**[162] pour comprendre les enseignements que Dieu voulait donner à son peuple, à travers ce jour qui terminait l'année liturgique, sur la dernière phase de son plan de salut pour l'humanité,

Relisons pour cela le chapitre 16 du livre du Lévitique[163], dont il constitue la clé de voûte. Sa place au centre du livre[164] qui décrit les différents rites du sanctuaire, est un signe de l'importance particulière de cette célébration.

Nous observons que le texte est composé de trois parties :

- Une *introduction* (v. 1-5) présente les préparatifs de la cérémonie : la sainteté de la présence de Dieu dans le sanctuaire rend nécessaire pour l'homme pécheur une protection par le sang d'animaux, précédée d'une purification par l'eau sur le parvis.

---

[162] Voir l'ouvrage de l'auteur « L'Apocalypse, un message d'espérance » p 15-18
[163] Voir le texte dans l'annexe 1
[164] Selon le procédé stylistique hébraïque du parallélisme concentrique, ou chiasme, pour mettre en valeur au centre des parallèles, une idée, un événement, une phrase, ou un mot.

La mort des fils d'Aaron qui avaient profané le sanctuaire illustrait concrètement cette nécessité de protection de l'homme pécheur, à l'intérieur du saint sanctuaire.

- Une *partie centrale* (v. 6-28) détaille la cérémonie. Un chiasme met en valeur les actes sacerdotaux

a) v. 6-12 : actes devant la tente ;

b) v. 13-17 : actes au-delà du voile ;

a') v. 18-28 : actes à l'extérieur du sanctuaire.

Le verbe « faire l'expiation » (kipper), est répété 3 fois dans la partie a) du chiasme, 3 fois dans la partie b), et 4 fois dans la partie a') ; il porte donc tout le sens de cette partie, elle-même placée au centre du chapitre.

- Une *conclusion* (v. 29-34) reprend les directives essentielles de date (v. 29), de fréquence (une fois par an, v. 34), de durée perpétuelle (v. 29, 31,34), d'état d'esprit du peuple à qui sont demandées humilité et cessation de toute activité (v. 29,31).

L'acteur de cette célébration est le grand sacrificateur seul admis dans le Lieu Très Saint, une fois par an, à cette occasion pour laquelle il revêt une tenue spéciale (v. 32). Tous les objets du sanctuaire, la tente, les deux autels et les hommes, sacrificateurs et peuple, bénéficient ce jour-là d'une « expiation[165] » (v. 33).

La cause et le but de cette cérémonie sont rappelés (v 30, 34) : la sainteté de Dieu est incompatible avec le péché de l'homme, elle exige une expiation, c'est-à-dire d'abord une protection, puis une absolution, une élimination totale et définitive du péché, pour que l'homme vive en présence de Dieu (v. 2,16-17).

Pour comprendre le sens spirituel de cette cérémonie, il nous faut préciser quelques mots du vocabulaire :

Le « *sanctuaire* » (qodesh) désigne le Lieu Très-Saint, au-delà du voile (v. 2, 16-17).

La « *tente d'assignation ou tente de la rencontre* » est soit l'ensemble du bâtiment, soit seulement le Lieu Saint (v. 7, 16-17, 20).

---

[165] Il n'est jamais question de « purification » dans les lieux saints du sanctuaire, mais « d'expiation » !

« *Faire l'expiation*[166] » a deux sens en hébreu: « couvrir » dans le sens de « protéger » et non de cacher, et « éliminer ». Ce verbe n'a pas le sens de pardonner[167]. Le pardon était obtenu grâce à un sacrifice biquotidien, symbole du sacrifice de Christ à la croix, qui réclamait une confession et une imposition des mains du pécheur.

Ici, le sacrifice pour faire l'expiation se fait sans confession et sans imposition des mains. Le verbe « *faire l'expiation* » symbolise les deux actes de Dieu, la protection du peuple des croyants par le Père, et l'élimination du mal, par le Juge qui rétablit la justice.

Le « *sacrifice pour le péché* » (v. 3), ou « *sacrifice expiatoire* », est destiné à réparer ce qui est sorti du droit chemin. Ce sacrifice rappelle à l'homme sa condition de créature mortelle, sa nature, son état de pécheur, qui a besoin d'être rendu définitivement juste. C'est ce jour-là un sacrifice

---

[166] kipper, 16 fois dans le chapitre, sans compter l'utilisation de sa racine pour désigner le propitiatoire (7 fois),
[167] salach que l'on trouve en 5.18. La traduction du Jour des Expiations en Grand Pardon est donc erronée !

collectif et non plus individuel, en faveur de la famille sacerdotale avec le taureau, et en faveur du peuple avec le bouc pour l'Éternel.

Le péché est une notion trop abstraite pour l'hébreu, qui le désigne toujours par son expression concrète, les « *transgressions* » ou par sa conséquence, la « *souillure* », « *l'impureté* ».

L' « *holocauste* » (v. 3 et 24) est un sacrifice entièrement consumé sur l'autel, en signe de consécration totale.

« *L'autel* » (v. 12) désigne soit l'autel des parfums du Lieu Saint, puisqu'il est question de parfums portés au-delà du voile, soit l'autel des sacrifices, puisqu'il est précisé, comme aux v. 7 et 18, qu'il se trouve « *devant l'Éternel* », formule générale pour désigner le devant la tente de la rencontre, sur le parvis.

« *Azazel* » (v. 8) n'est mentionné que dans ce texte. Placé en opposition avec l'Éternel, il ne peut désigner qu'un personnage destinataire du second bouc. Les Esséniens orthographiaient ce nom « Azzael » dont le sens est « Qui abandonne

Dieu[168] ». On aurait ainsi l'idée d'un « puissant qui s'en va, loin de Dieu », ce que symbolise l'envoi au désert, loin de la Maison de l'Éternel, du bouc qui lui est dédié.

La construction du chapitre met en valeur les actes d'expiation dans le sanctuaire, siège de la présence sainte de Dieu, et les actes de purification de tout ce qui touche à l'homme, hors du sanctuaire lui-même.

Les règles du récit biblique n'ont pas les mêmes exigences de chronologie que le récit occidental. Le déroulement de la cérémonie n'est pas rapporté dans l'ordre que demande notre logique. Les faits importants sont simplement mis en relief par le procédé de la « répétition » (sacrifices, entrée au-delà du voile, place du sacrificateur devant le propitiatoire, aspersion du sang, sortie du sanctuaire, ablutions, renvoi du bouc dans le désert). Ces répétitions ne donnent pas une chronologie certaine des actes mentionnés : le sacrificateur porte-t-il au-delà du voile, en une seule

---

[168] En hébreu, az = puissant, azl = s'en aller

ou en 2 ou 3 fois, le parfum, le sang du taureau, le sang du bouc ? Le texte ne permet pas de le déterminer, et il ne faut pas se hâter de faire des transferts symboliques précis avec la ou les entrées de Jésus dans le sanctuaire dit « céleste » de l'Écrit aux Hébreux, chapitre 9.

Quelle signification peut avoir ce chapitre au centre du livre du Lévitique, comme un pivot de toutes les lois cultuelles ?

Il alerte notre attention sur son importance dans le rituel israélite. Il nous est impossible ici d'entrer dans l'explication de tous les détails. Voici un essai pour dégager l'essentiel de l'enseignement divin pour le peuple d'Israël, contenu dans cette cérémonie.

- Après la mort des deux fils d'Aaron, le peuple n'ose plus s'approcher du Dieu Saint, à cause de son état de péché. Dieu révèle ce qu'il a prévu pour permettre la rencontre de sa sainteté avec le peuple pécheur. Il ne s'agit pas de pardon individuel, mais d'acceptation collective : le grand sacrificateur, représentant toute l'assemblée composée des sacrificateurs et du peuple, se présente devant la sainteté de Dieu, entouré des prières d'intercession que l'assemblée adresse pour lui à Dieu. Le sang du taureau, aspergé sur le propitiatoire, symbole du sang versé par Jésus sur la croix, le protégeait symboliquement de la mort que sa nature de péché méritait face à la sainteté de Dieu. Il pouvait ainsi se tenir debout devant Dieu.

- En « *faisant l'expiation* » sur les objets du Lieu Saint et du Lieu Très Saint, par l'onction du sang pur du bouc « pour l'Éternel », le grand sacrificateur annonçait que Dieu éliminerait définitivement le péché par la vie de Jésus, mort sur la croix et ressuscité ; le péché du peuple avait été porté symboliquement par le sang des sacrifices quotidiens, sur les cornes de l'autel des parfums, et avait souillé tout ce que l'homme avait touché. Cette souillure était ôtée grâce à l'expiation par le sang pur du bouc pour l'Éternel.

À sa sortie du sanctuaire « rendu juste », « réhabilité[169] », le grand prêtre imposait ses mains sur le bouc pour Azazel, transférant sur lui la responsabilité du péché et de la mort. Le bouc était alors envoyé au désert pour y mourir, et ainsi éliminer les péchés du peuple dans l'année écoulée.

- L'aspersion du sang du bouc pour l'Éternel dans le sanctuaire effectue le *premier acte de l'expiation, la protection* du pécheur contre les effets de la sainteté du Seigneur. Le *second acte de l'expiation, l'élimination définitive* du mal, s'opérait en même temps par l'onction du sang pur dans le Lieu Saint, puis par l'imposition des mains et le renvoi du second bouc pour Azazel.

L'expiation « protection » du pécheur ne se fait que dans le sanctuaire, lieu de la présence sainte de Dieu. L'«élimination du mal » n'est nécessaire que pour ce qui touche à l'homme

---

[169] C'est le sens du mot hébreu « Nitzdaq », improprement traduit par « purifié » dans Dan 8.14 : le sanctuaire sera rétabli, réhabilité, réintégré dans la justice.

pécheur, c'est-à-dire, dans le Lieu Saint, les cornes de l'autel des parfums, et sur le parvis l'autel des sacrifices, les vêtements et le corps du sacrificateur.

La « purification » par l'eau[170] est un état transitoire qui fait passer l'homme de l'état de péché à celui d'innocence. Mais l'expiation par le sang au Jour des expiations, ou par le feu[171], permet au pécheur de commencer une nouvelle vie de sainteté, comme Ésaïe lors de son appel à devenir prophète[172] : « *Le séraphin toucha ma bouche de la braise prise sur l'autel, et dit : Ceci a touché tes lèvres ; ta faute est enlevée, et ton péché est expié (éliminé)* ». L'expiation ouvre la porte à la sanctification du prophète, ou du croyant, à sa mise à part pour le service exclusif de Dieu dans une vie nouvelle, protégée par Dieu et libérée du péché passé.

Les deux holocaustes de la fin de la cérémonie du Jour des Expiations signifient que le

---

[170] que l'on retrouve au déluge (1 Pi 3.21), ou dans les ablutions rituelles (Ez 36.25), puis dans le baptême.
[171] A Sodome, et à la fin des temps, 2 Pi 3.10,12,
[172] Es 6.5-7

peuple et les sacrificateurs, acceptés en la présence de Dieu, et délivrés du péché, peuvent enfin se donner totalement et avec reconnaissance à leur Seigneur.

Par ce Jour des expiations, Dieu lève un coin du voile sur le problème du mal et sur sa résolution. Le peuple d'Israël perçoit un peu du grand conflit entre Dieu et l'Adversaire, Azazel. Dieu dit au peuple pécheur, qui désire avoir une relation avec lui : « Parce que je t'aime et ai donné ma vie pour toi (dans les symboles du sacrifice du taureau pour le péché du prêtre, et du bouc pour le péché du peuple), je te protège de la condamnation à mort que ton état de péché mérite, si tu veux bien reconnaître cet état devant moi, (dans une repentance exprimée symboliquement par l'humilité du peuple assemblé et les prières d'intercession mutuelle). Je te promets que tu seras délivré définitivement du mal, lorsque l'initiateur du mal sera enfin reconnu publiquement responsable et mourra. La disparition du mal te permettra de vivre éternellement dans ma sainte présence, et dans la consécration parfaite à mon service ».

Tel est le message prophétique d'espérance de ce Jour des Expiations, qui met en lumière l'amour (protection) et la justice (élimination du mal) du Seigneur Dieu, Père et Juge Libérateur[173].

Si l'on peut croire que Moïse vit de ses yeux et comprit le projet divin du salut, transmis dans ces rituels, le peuple en comprit-il le message d'amour et d'espérance ? Les réactions du prophète Daniel aux visions reçues par lui en exil, nous révèlent les difficultés du peuple à saisir le message spirituel de ces rituels[174]. En effet, préoccupé par le sort du temple de Jérusalem loin duquel il était exilé depuis de nombreuses années, Daniel suppliait Dieu de refaire «*briller sa face sur son sanctuaire dévasté[175]* ». Il l'interrogeait sur la durée de la vision du « *sacrifice perpétuel retiré au Chef de l'armée et*

---

[173] Voir « *L'Apocalypse, un message d'espérance* » p35-48 : Le jugement de Dieu.
[174] Daniel 8-10
[175] Daniel 9.17

du sanctuaire rejeté et piétiné[176] ». Lorsque la réponse vint que « *le rétablissement* » ou « *la réhabilitation* » du sanctuaire aurait lieu « *dans 2300 soirs et matins* », il tomba « *plusieurs jours affaibli et malade*[177] ». Il comprenait que le sanctuaire terrestre serait rétabli plusieurs siècles après lui et qu'il ne pourrait pas, en conséquence, le revoir[178] ! La signification spirituelle de cette prophétie lui échappait !

Comment pouvons-nous, nous-mêmes aujourd'hui, interpréter la « *restauration du sanctuaire* » annoncée au prophète Daniel dans un futur si éloigné de lui ? Puisque le sanctuaire terrestre de Jérusalem n'a pas été rétabli encore de nos jours, nous sommes poussés à chercher une interprétation spirituelle de cette prophétie.

William Miller et ses disciples au 19ème siècle, se sont penchés sur les dates prophétiques du livre de Daniel. En partant de l'indication du point de

---

[176] Daniel 8. 11-13
[177] Daniel 8.14, 27
[178] Selon les indications de Nombres 11.34 et Ezéchiel 4.5, un jour (=soir et matin) prophétique est égal à un an réel.

départ de ces dates à la publication du décret d'Artaxerxès autorisant la reconstruction de Jérusalem[179], en 457 av JC, ils sont arrivés à calculer que les 2300 jours prophétiques aboutissaient en 1844. Croyant que le sanctuaire représentait la terre souillée par le péché, et oubliant la parole de Jésus qui interdisait de chercher le jour et l'heure de son retour, ils ont pensé que Jésus reviendrait à cette date pour « purifier la terre », en éliminer le mal.

Après leur grande déception, certains de ces chrétiens, appelés plus tard « adventistes », reprirent l'étude des textes sur le sanctuaire. Ils comprirent qu'il ne s'agissait plus du sanctuaire terrestre, qui n'était que « *l'image et l'ombre des réalités célestes*[180] », car Christ était « *assis à la droite du trône de Dieu dans les cieux, comme ministre du sanctuaire véritable, dressé par le Seigneur, et non par un homme*[181] ».

---

[179] Daniel 9.25
[180] Hébreux 8.5
[181] Hébreux 8.1-2

Selon le sens donné au mot « cieux »[182] synonyme de « invisible » ou « spirituel », essayons de comprendre ce que peut signifier spirituellement « le rétablissement du sanctuaire » !

---

[182] Défini dans l'Introduction

D- La réhabilitation du sanctuaire céleste

Le Jour des Expiations où s'accomplissait « la réintégration du sanctuaire dans la justice », se célébrait en fin d'année liturgique, indiquant par là que dans le plan divin du salut, l'élimination définitive du mal se ferait à la fin des temps. Nous avons montré comment les deux premières parties du sanctuaire terrestre symbolisaient deux étapes temporelles du plan du salut : le parvis préfigurait l'œuvre du Christ incarné, et le Lieu Saint annonçait l'œuvre de l'Esprit dans le temps de l'Église. En conséquence, le Lieu Très Saint symboliserait l'œuvre du Seigneur Dieu dans la fin des temps.

Selon les dates prophétiques de Daniel, en 1844, on serait entré dans cette troisième phase de l'histoire du salut. Comme grand sacrificateur, Christ aurait franchi virtuellement le « voile intérieur brodé de chérubins » pour procéder à l'expiation dans son sanctuaire spirituel, dit céleste.

Symboliquement les chérubins représentaient les qualités que Dieu met en œuvre dans sa fonction de Juge Libérateur. Christ, outre sa fonction de médiateur, qu'il continue à exercer jusqu'à la fin du monde pour les membres vivants de son peuple, assume aussi à partir de cette date la fonction de Juge : il rend justice à tous ceux qui ont été accusés et mis à mort injustement à cause de leur foi en lui[183], il les reconnaît comme siens, et il scelle de son Esprit ceux qui vivent dans la foi et la confiance jusqu'à son retour[184]. C'est le « temps où commence le *jugement de la maison de Dieu*[185] ». En effet, si on parle de restauration, on suppose un tri entre ce qui doit être « reconnu juste » et ce qui reste souillé, donc un jugement sur les uns et les autres.

De même que le sanctuaire terrestre, représentation matérielle des réalités « célestes », avait besoin d'être libéré des souillures du sang qui y avait été déposé quotidiennement, de même les « *réalités célestes*, (spirituelles) *doivent être*

---

[183] Ap 6.10-11
[184] Ap 7.3 ; Ep 4.30
[185] 1 Pierre 4.17

purifiées (rendues justes) *par des sacrifices meilleurs* » nous dit l'Écrit aux Hébreux[186].

Qu'est-ce à dire ? N'y avait-il pas de pardon pour ces péchés, comme les rites quotidiens voulaient le faire comprendre ? Le sacrifice de Christ était-il sans effet ? Pourquoi fallait-il encore une cérémonie d'expiation à la fin de l'année ? De plus, comment le péché des hommes peut-il atteindre et souiller un sanctuaire situé « *dans les cieux, les lieux saints* » ? Géographiquement, c'est insensé, matériellement impossible et spirituellement presque blasphématoire, car le Dieu Saint ne peut être souillé par le péché

Mais si l'on reconnaît que le sanctuaire « céleste » désigne le sanctuaire spirituel que forme l'Église encore sur terre, on peut concevoir que le péché la souille encore. Même pardonnée quotidiennement, et régénérée par l'Esprit, elle est encore faillible et imparfaite, atteinte par l'Adversaire, et sujette aux influences du monde. En son sein, beaucoup sont comme les vierges folles

---

[186] Héb 9.23

de la parabole de Jésus, oubliant de remplir leurs vases de l'huile de l'Esprit, disant « Seigneur, Seigneur », mais n'accomplissant pas la volonté d'amour[187] de leur Père. Ivraie et bon grain cohabitent dans l'Église comme dans le monde, sans qu'il soit possible aux hommes de les distinguer. Jésus a promis que, au temps de la moisson, il ordonnerait aux moissonneurs de faire le tri, afin d'amasser le bon grain dans son grenier, et d'éliminer l'ivraie[188]. C'est une autre image du « rétablissement dans la justice », de la « réhabilitation » de son sanctuaire. Par ce tri, Jésus se prépare un peuple apte à entrer dans son Royaume rétabli sur terre, après la résurrection des morts et la transformation des vivants, qui accompagneront son retour[189].

Sur quoi s'opère ce tri entre l'ivraie et le bon grain, entre les vierges folles et les sages, entre les mauvais et les bons serviteurs ? D'autres paraboles

---

[187] Mat 25.1-9 ; 7.21
[188] Mat 13. 25-30
[189] 1 Cor 15.51-54 ; 1 Thes 4.16-17

nous précisent que sera accueilli dans le Royaume quiconque aura, dans et par sa vie, manifesté sa foi dans la grâce du Seigneur, ou pour ceux qui ne l'auront pas connu, quiconque aura accompli la loi d'amour inscrite dans sa conscience[190].

La cérémonie des Expiations, comme nous l'avons déjà dit, n'était pas faite pour les individus, mais pour la collectivité. L'œuvre de salut et de pardon du pécheur a été accomplie par Christ à la croix. Mais le mal existe toujours sur terre et Satan tente toujours d'arracher les croyants à leur adoration de Dieu. Sera-ce sans fin ? Le Jour des Expiations symbolisait ce moment particulier de l'histoire du monde et de l'Église, du plan du salut dressé par Dieu pour son peuple, où après le « jugement libérateur » du peuple de Dieu, Satan sera reconnu responsable du mal et sera éliminé du peuple et du monde, selon la préfiguration du bouc émissaire envoyé mourir au désert.

Le sanctuaire « reconnu juste », ou « restauré » à la fin des temps, prouvera aux yeux

---
[190] Mat 24.45-51 ; 25.14-46 ; Rom 2.15-16

de tout l'univers que Dieu est « blanchi » des accusations d'injustice et de totalitarisme portées contre lui par Satan, dès les origines[191]. Il montrera à tous que Dieu est grâce et amour, car « *c'est Jésus-Christ que Dieu a destiné comme moyen d'expiation pour ceux qui auraient la foi en son sang, afin de montrer sa justice...de manière à être reconnu juste, tout en justifiant celui qui a la foi en Jésus*[192] ». Comme à la fin du jugement de Salomon[193], la sagesse et la justice de l'Éternel seront reconnues par tous.

Que représente l'onction du sang pur du bouc pour l'Éternel dans cette œuvre de restauration du sanctuaire spirituel ? Ce bouc ne recevait pas d'imposition des mains, il était pur de tout péché et était sacrifié pour « éliminer », « ôter le péché » du sanctuaire. C'était le « type » de Christ, pur de tout péché, qui s'est sacrifié lui-même pour « ôter le péché » de son peuple et du monde. Ressuscité, il

---

[191] Ap 21.11 ; Job 1 et 2 ; Gen 3.1-5
[192] Rom 3.25-26
[193] 1 Rois 3.28

officie, à cette dernière phase de l'histoire du salut, pour « déclarer justes »[194] les morts qui dans leur vie terrestre ont prouvé leur amour pour Lui et pour les autres. Il appose le sceau du Saint-Esprit, sur le front[195] de ceux qui vivent encore, pour protéger leur esprit de toute tentation, préserver intacte leur foi au milieu des tribulations qui angoissent et affligent le monde, affermir leur assurance en son salut et sa grâce, et témoigner de Lui, dans leur attente persévérante de son retour.

Une remarque importante s'impose ici : l'œuvre de pardon et de purification du pécheur repentant s'accomplit par Christ à la croix, son œuvre de sanctification du croyant est accomplie par l'Esprit dans l'Église, l'œuvre de réhabilitation et de rassemblement de son peuple s'accomplit dans la fin des temps par le Seigneur Dieu, Père et Juge.

En effet, l'expiation du sanctuaire terrestre se faisait à l'intérieur du Tabernacle, par le grand

---

[194] C'est le sens du symbole de l'habit de noces ou de la robe blanche donnée aux élus : Mat 22.11-12 ; Ap 6..11 ; 7.14 ; 19.8 : « les décisions de justice ».
[195] Ap 7.3

prêtre, symbole de Christ, tandis que le peuple d'Israël restait dans et autour du parvis, attendant humblement dans la repentance la sortie du grand sacrificateur. La cérémonie constituait une sorte de « jugement » pour le peuple des croyants[196].

L'apparition du grand prêtre hors du Tabernacle leur indiquait qu'ils avaient été entièrement reconnus par Dieu comme son peuple, et que l'élimination définitive du péché et du mal pouvait s'opérer au moyen de la mort du bouc pour Azazel chassé dans le désert.

Ainsi était symbolisée la deuxième phase du jugement de Dieu que préfigurait l'expiation du sanctuaire terrestre : après ce « jugement préliminaire » à sa venue[197], lorsque le sanctuaire spirituel sera trié, défini et déclaré « justifié », revêtu de la robe blanche de l'Épouse[198], devant

---

[196] Ceux qui n'avaient pas cette attitude de respect et d'humilité s'excluaient d'eux-mêmes de la communauté et étaient
« retranchés » du peuple : Lév 23.29
[197] Comme la prophétie de Daniel 7 .9-14 le laisse entendre par l'alternance des scènes terrestres et célestes, et par le décor de tribunal qu'elle décrit. Voir Annexe 3.
[198] Ap 19.8

Dieu, dans le monde spirituel et invisible de Dieu, alors Christ apparaîtra dans sa gloire sur terre, pour rassembler son peuple ainsi constitué, et éliminer définitivement le Responsable du mal[199].

Le Jour des Expiations est « une leçon de choses », une merveilleuse parabole de l'œuvre du Christ dans les temps de la fin, dont les prophètes ont eu une révélation un peu floue, mais dont Jean a vu les détails sous la forme des images grandioses et symboliques de l'Apocalypse[200].

---

[199] Ap 19.17-21 et ch 20
[200] Voir l'ouvrage de l'auteur : "L'Apocalypse, un message d'espérance" paru aux Editions Thélès en Avril 2012

Pour conclure notre seconde partie, nous rappelons que le sanctuaire terrestre avec les deux pièces du Tabernacle, avait une signification spirituelle et prophétique.

Symboliquement, le parvis représentait la terre où vivent les créatures humaines pécheresses, parmi lesquels Dieu s'est incarné en Jésus, où Christ est mort et ressuscité. Le Lieu Saint représentait ce qui relie la terre au ciel, c'est-à-dire le Corps de Christ, sanctuaire « céleste », spirituel et humain, de son Église, où il œuvre par l'Esprit. Le Lieu Très Saint où se célébraient les rites du Jour des Expiations, prophétisait l'œuvre de jugement du peuple des croyants, réalisée dans la fin des temps, par le Dieu Père et Libérateur.

Mais le sanctuaire tout entier était aussi le symbole du **chemin à parcourir par le croyant**, dont le cœur est la demeure où Dieu veut habiter[201].

---

[201] Eph 3.17 : « *Que Christ habite dans vos cœurs par la foi* »
Gal 4.6 : « *Dieu a envoyé dans nos cœurs l'Esprit de son Fils* »

Troisième partie

**Le sanctuaire du coeur,
Maison du Dieu pédagogue,**

Le chemin de foi enseigné par le parvis

Le parvis terrestre délimitait l'espace réservé aux croyants, simples particuliers ou sacrificateurs lorsqu'ils rendaient un culte à l'Éternel. Le camp s'étendait tout autour et comprenait tous ceux qui étaient sortis d'Égypte, Hébreux ou Égyptiens. Nous pouvons voir dans cette délimitation un symbole de la séparation entre le croyant et le monde. Pour entrer dans le parvis, il lui fallait passer par l'ouverture des tentures de clôture, située à l'est et se séparer ainsi du monde.

Nous avons vu précédemment que cette porte représentait le Christ, « *le soleil levant qui nous visitera d'en haut pour éclairer ceux qui sont assis dans les ténèbres, et dans l'ombre de la mort*[202] », car « *Nul ne vient au Père que par Lui*[203] ».

Mais comme les hommes ont tendance à diviniser les astres et à les adorer, Dieu leur fait

---

[202] Luc 1.78-79 , p 42
[203] Jean14.6

comprendre concrètement que pour venir l'adorer et entrer dans le peuple des croyants, il faut tourner le dos aux idoles, dont la première en Égypte était le soleil !

Les colonnes visibles seulement de l'intérieur du parvis, selon le prophète Jérémie, puis selon les apôtres représenteraient chacun des croyants, soutien de la vérité, force et ornement de la maison de Dieu[204]. Ces colonnes dont la matière n'est pas précisée sont unies entre elles par les tentures de lin blanc représentant la justice de Christ que Dieu donne aux croyants de toutes origines. De l'extérieur, c'est en effet Jésus que l'on doit voir dans la vie du croyant, et non sa propre personne, ou sa dénomination particulière !

Chaque enfant de Dieu contemple le sanctuaire, assiste à ses cérémonies quotidiennes ou annuelles, symboles de l'œuvre de Christ en sa faveur, est protégé des influences du monde situé à

---

[204] Jér 1.18 ; Gal 2.9 ; 1 Tim 3.15 ; Ap 3.15.

l'extérieur des tentures, par Christ sur lequel repose sa foi et qui lui donne ses directives[205].

En passant par la porte du parvis, celui qui tourne le dos à ses idoles, porte immédiatement le regard sur l'autel des sacrifices, où il peut contempler ce que Jésus a fait pour lui. Il est amené à faire sienne cette mort, en s'appropriant le symbole de l'imposition des mains du pécheur sur l'animal sacrifié. C'est son péché personnel, sa nature humaine incapable de faire le bien par elle-même, qu'il remet au Seigneur pour qu'il la fasse mourir dans Sa mort. Cette démarche de repentance et de confiance dans le Sauveur, de lâcher prise de son orgueil et de son égoïsme, est la première étape de la foi. Elle se passe dans le cœur et est indispensable pour entrer en relation avec Dieu et bénéficier de l'action de son Esprit.

La seconde étape de ce chemin de foi était symbolisée par les ablutions dans la cuve d'airain. Le symbole de l'eau dont se lavaient les prêtres a

---

[205] Bases d'airain et chapiteaux d'argent = fondements et « tête » de la foi, 1 Cor 3.11 ; Eph 4.14-15

été éclairé par le baptême de Jésus, puis par l'ablution ou lavement des pieds des disciples au cours de son dernier repas. Jésus, qui pourtant était sans péché, a consenti à passer par les eaux du baptême, en exemple pour ses disciples pécheurs, et en préfiguration de sa mort et de sa résurrection. Dans l'eau comme dans la mort, Jésus anéantissait le péché humain, et en ressortant de l'eau, il renaissait à une nouvelle vie guidée par l'Esprit[206]. Le croyant qui accepte cette œuvre de Christ en sa faveur, et qui désire devenir son « prêtre » pour le servir tous les jours de sa vie, au sein de son sanctuaire l'Église, passe par le baptême d'eau. Celui-ci ne le purifie pas physiquement ou rituellement, mais spirituellement, il marque publiquement l'abandon de son ancienne vie, de son ancienne façon de penser, et son engagement dans une vie de disciple « lavé », purifié de son passé[207]. L'ablution des pieds[208] que Jésus

---

[206] Rom 6.3-11
[207] 1 Pie 3.21
[208] Jean 13.1-15

recommande d'imiter au moment de la Sainte Cène est un signe qui remet en mémoire au croyant, la nécessité de la purification de sa nature pécheresse, qui l'invite à renouveler son engagement au service de Dieu, dans l'humilité et un esprit de pardon et de service envers les autres.

Le parvis enseignait donc au fidèle le début de sa démarche de foi. Les autres étapes étaient enseignées par les deux pièces du Tabernacle[209].

---

[209] Voir le schéma de la page 121

Chemin de foi enseigné par le Lieu Saint

Une fois ses pieds et ses mains lavés dans l'eau de la cuve d'airain, le prêtre pouvait pénétrer dans le Lieu Saint du Tabernacle terrestre, symbole du sanctuaire «spirituel» qu'est l'Église.

Le passage par le premier rideau[210], nécessaire pour commencer la vie de disciple, fait passer le nouveau converti de la vie matérielle ou « charnelle » à la vie guidée par l'Esprit : « *Pour vous*, dit Paul aux Romains[211], *vous n'êtes plus sous l'emprise de la chair, mais sous celle de l'Esprit, si du moins l'Esprit de Dieu habite en vous* ».

Au sein de la communauté des croyants, l'Esprit le nourrit du pain de la Parole, pour le faire grandir dans la foi, comme le symbolisaient les pains de proposition, et comme l'a promis Jésus en déclarant[212] : « *Moi je suis le pain de vie, celui qui*

---

[210] « type » de Jésus « porte des brebis » Jean 10.7, 9
[211] Rom 8.9
[212] Jean 6.35, 51

vient à moi n'aura jamais faim...Si quelqu'un mange de ce pain, il vivra éternellement ».

Le croyant, habité par l'Esprit, est aussi éclairé par Lui, dans sa lecture des Écritures, pour ses choix de vie et ses relations avec les autres. La lumière et la chaleur que dispensait le chandelier à sept branches du Tabernacle, étaient des illustrations du discernement et de l'amour que met l'Esprit dans le cœur de celui qui accepte Jésus comme son Sauveur et Seigneur.

L'Esprit facilite la relation avec Dieu dans la prière, puisqu'il fait monter du cœur du croyant, comme l'encens de l'autel d'or, des prières d'intercession et des soupirs inexprimables[213].

Ainsi, à cette étape du chemin de foi, qu'on appelle la « sanctification », « *tout est sanctifié par la Parole et par la prière*[214] ». L'Esprit travaille le cœur et transforme la vie du croyant pour le rendre apte au service de Dieu et du prochain. Il désire « *que tout notre être, l'esprit, l'âme et le corps, soit*

---

[213] Rom 8.26
[214] 1 Tim 4.5

conservé sans reproche, saint, à l'avènement de notre Seigneur Jésus-Christ[215] ».

Cette sanctification du croyant, «*sans laquelle nul ne verra le Seigneur* [216]» est une œuvre de l'Esprit, de longue haleine, quotidienne, qui demande de la part du croyant une recherche, et une fréquentation de la Parole, persévérantes, car l'Esprit n'agit qu'à la demande et sur le consentement du croyant.

À cette œuvre de sanctification, Paul ajoute celle de la « *justification*[217] », préfigurée par le Lieu Très Saint.

---

[215] 1 The 5.23
[216] Héb 12.14
[217] 1 Cor 6.11

Chemin de foi enseigné par le Lieu Très Saint

À la différence du grand prêtre israélite qui ne pénétrait qu'une fois l'année dans le Lieu Très Saint, et à partir de Jésus-Christ qui, à sa mort, a « *déchiré le voile du temple*[218] », le croyant a accès en permanence au « trône de la grâce » de Dieu, dont il peut « *s'approcher avec assurance, afin d'obtenir miséricorde et trouver grâce, pour un secours opportun*[219] ». En effet, « *quand on se tourne vers le Seigneur le voile est enlevé*[220] », la sainteté de Dieu ne détruit plus le pécheur repentant, mais le revêt de sa « justice », pour que « *la justice prescrite par la loi soit accomplie en lui, qui marche, non selon la chair, mais selon l'Esprit*[221] ». Dieu regarde son enfant à travers le filtre de Jésus-Christ, et lui donne les capacités de

---

[218] Mat 27.51
[219] Héb 4.16
[220] 2 Cor 3.16
[221] Rom 8.4

suivre sa volonté, car « *Il écrit sa loi dans son cœur[222]* », et lui pardonne tous ses manquements.

Les chérubins brodés ou sculptés dans le Lieu Très Saint terrestre, symboles, rappelons-le, des qualités que Dieu met en œuvre dans son jugement des hommes[223], sont le passage obligé du pécheur en marche vers la vie éternelle. Ils lui signifient, quand il entre en présence de Dieu, toute la puissance, la miséricorde, le discernement et la volonté de libération de son Sauveur.

Le pécheur justifié par Jésus-Christ, ne craint plus le jugement de Dieu, car il s'appuie sur la promesse de Jésus : « *Celui qui croit dans le Fils n'est pas jugé,…celui qui écoute sa parole…a la vie éternelle et ne vient pas en jugement, il est passé de la mort à la vie[224]* ».

Ainsi s'accomplit la justification du croyant, troisième étape du chemin de la foi.

---

[222] Jér 31.33,
[223] symboles de la justice, la miséricorde, la fidélité et la vérité de Dieu (Ps 89.15 ;).
[224] Jean 3.18 ; 5.24

Le schéma ci-dessous offre un résumé de toute notre seconde partie.

Symbolisme du sanctuaire terrestre
« image et ombre des réalités célestes »
Hébreux 8. 5

espace-temps	œuvre de Jésus	chemin de foi du croyant
Lieu Très Saint = Ciel, monde invisible et spirituel de Dieu	Jésus Juge Libérateur Jugement = Grâce Loi	Justification
Lieu Saint = sanctuaire spirituel Eglise	Intercession Lumière du Saint-Esprit Pain de vie Jésus Roi de son peuple	Sanctification
Parvis = Terre Monde des nations	Purification Pardon Croix Jésus prêtre et Agneau offert pour tous les hommes	Baptême Repentance

1 Co 6.11 : Vous avez été lavés, vous avez été sanctifiés, vous avez été justifiés, au nom du Seigneur Jésus-Christ, et par l'Esprit de notre Dieu.

Lavé, sanctifié et justifié, c'est-à-dire purifié, mis à part pour le service de Dieu, et considéré comme juste par Dieu, le fidèle vit une nouvelle vie, remplie par l'Esprit d'amour, de foi et d'espérance. Il manifeste par les fruits de l'Esprit, que Christ est sa vie[225], qu'Il habite en lui et le conduit vers son Royaume éternel.

---

[225] Phi 1.21

Conclusion générale

La promesse de Dieu d'habiter parmi les hommes a trouvé plusieurs accomplissements progressifs, dans l'histoire du monde et dans notre histoire personnelle.

Elle se concrétisa avec la construction du Tabernacle au désert, puis du temple à Jérusalem. Mais cet accomplissement n'était qu' « *ombre et image des réalités célestes*[226] », figure symbolique de Celui qui devait venir ; Jésus-Christ a « *tout accompli*[227] », durant son passage sur terre en tant qu'homme, mais aussi après sa résurrection, au cours des siècles dans le sanctuaire spirituel de l'Église et du cœur du croyant.

Pourtant la présence du Tabernacle parmi les Israélites, et l'incarnation de Jésus dans l'histoire humaine, n'annonçaient-elles pas que Dieu désirait vraiment demeurer parmi les hommes, pas seulement spirituellement comme

---

[226] Héb 8.5
[227] Jean 19.30

nous le vivons aujourd'hui, mais dans toute la plénitude d'une relation d'amour et d'intimité avec ses créatures privilégiées, de façon qu'elles puissent le rencontrer et le voir face à face ? C'est ainsi qu'il montra à Jean la cité de la nouvelle Jérusalem, descendue du ciel sur la terre, c'est-à-dire un peuple dirigé par l'Esprit, mais concret et visible, dans un monde où le mal et la mort n'existent plus : « *Voici le tabernacle de Dieu avec les hommes ! Il habitera avec eux, ils seront son peuple, et Dieu lui-même sera avec eux... Le trône de Dieu et de l'Agneau sera dans la ville. Ses serviteurs le serviront et verront sa face, et son nom sera sur leurs fronts*[228] ».

À ce moment-là, les figures symboliques n'auront plus lieu d'être, et la création tout entière, renouvelée, pourra acclamer son Seigneur et le servir dans la joie, la lumière et la chaleur de sa présence éternelle.

---

[228] Ap 21.3 ; 22.3-4

Annexe 1

Lévitique 16

1 : L'Éternel parla à Moïse, après la mort des deux fils d'Aaron, qui moururent en se présentant devant l'Éternel.
2 : L'Éternel dit à Moïse: Parle à ton frère Aaron, afin qu'il n'entre pas en tout temps dans le sanctuaire, au dedans du voile, devant le propitiatoire qui est sur l'arche, de peur qu'il ne meure; car j'apparaîtrai dans la nuée sur le propitiatoire.
3 : Voici de quelle manière Aaron entrera dans le sanctuaire. Il prendra un jeune taureau pour le sacrifice d'expiation et un bélier pour l'holocauste.
4 : Il se revêtira de la tunique sacrée de lin, et portera sur son corps des caleçons de lin; il se ceindra d'une ceinture de lin, et il se couvrira la tête d'une tiare de lin: ce sont les vêtements sacrés, dont il se revêtira après avoir lavé son corps dans l'eau.
5 : Il recevra de l'assemblée des enfants d'Israël deux boucs pour le sacrifice d'expiation et un bélier pour l'holocauste.
6 : Aaron offrira son taureau expiatoire, et il fera l'expiation pour lui et pour sa maison.
7 : Il prendra les deux boucs, et il les placera devant l'Éternel, à l'entrée de la tente d'assignation.
8 : Aaron jettera le sort sur les deux boucs, un sort pour l'Éternel et un sort pour Azazel.
9 : Aaron fera approcher le bouc sur lequel est tombé le sort pour l'Éternel, et il l'offrira en sacrifice d'expiation.

10 : Et le bouc sur lequel est tombé le sort pour Azazel sera placé vivant devant l'Éternel, afin qu'il serve à faire l'expiation et qu'il soit lâché dans le désert pour Azazel.
11 : Aaron offrira son taureau expiatoire, et il fera l'expiation pour lui et pour sa maison. Il égorgera son taureau expiatoire.
12 : Il prendra un brasier plein de charbons ardents ôtés de dessus l'autel devant l'Éternel, et de deux poignées de parfum odoriférants en poudre; il portera ces choses au delà du voile;
13 : il mettra le parfum sur le feu devant l'Éternel, afin que la nuée du parfum couvre le propitiatoire qui est sur le témoignage, et il ne mourra point.
14 : Il prendra du sang du taureau, et il fera l'aspersion avec son doigt sur le devant du propitiatoire vers l'orient; il fera avec son doigt sept fois l'aspersion du sang devant le propitiatoire.
15 : Il égorgera le bouc expiatoire pour le peuple, et il en portera le sang au delà du voile. Il fera avec ce sang comme il a fait avec le sang du taureau, il en fera l'aspersion sur le propitiatoire et devant le propitiatoire.
16 : C'est ainsi qu'il fera l'expiation pour le sanctuaire à cause des impuretés des enfants d'Israël et de toutes les transgressions par lesquelles ils ont péché. Il fera de même pour la tente d'assignation, qui est avec eux au milieu de leurs impuretés.
17 : Il n'y aura personne dans la tente d'assignation lorsqu'il entrera pour faire l'expiation dans le sanctuaire, jusqu'à ce qu'il en sorte. Il fera l'expiation pour lui et pour sa maison, et pour toute l'assemblée d'Israël.
18 : En sortant, il ira vers l'autel qui est devant l'Éternel, et il fera l'expiation pour l'autel; il prendra du sang du

taureau et du bouc, et il en mettra sur les cornes de l'autel tout autour.

19 : Il fera avec son doigt sept fois l'aspersion du sang sur l'autel; il le purifiera et le sanctifiera, à cause des impuretés des enfants d'Israël.
20 : Lorsqu'il aura achevé de faire l'expiation pour le sanctuaire, pour la tente d'assignation et pour l'autel, il fera approcher le bouc vivant.
21 : Aaron posera ses deux mains sur la tête du bouc vivant, et il confessera sur lui toutes les iniquités des enfants d'Israël et toutes les transgressions par lesquelles ils ont péché; il les mettra sur la tête du bouc, puis il le chassera dans le désert, à l'aide d'un homme qui aura cette charge.
22 : Le bouc emportera sur lui toutes leurs iniquités dans une terre désolée; il sera chassé dans le désert.
23 : Aaron entrera dans la tente d'assignation; il quittera les vêtements de lin qu'il avait mis en entrant dans le sanctuaire, et il les déposera là.
24 : Il lavera son corps avec de l'eau dans un lieu saint, et reprendra ses vêtements. Puis il sortira, offrira son holocauste et l'holocauste du peuple, et fera l'expiation pour lui et pour le peuple.
25 : Il brûlera sur l'autel la graisse de la victime expiatoire.
26 : Celui qui aura chassé le bouc pour Azazel lavera ses vêtements, et lavera son corps dans l'eau; après cela, il rentrera dans le camp.
27 : On emportera hors du camp le taureau expiatoire et le bouc expiatoire dont on a porté le sang dans le

sanctuaire pour faire l'expiation, et l'on brûlera au feu leurs peaux, leur chair et leurs excréments.

28 : Celui qui les brûlera lavera ses vêtements, et lavera son corps dans l'eau; après cela, il rentrera dans le camp.

29 : C'est ici pour vous une loi perpétuelle: au septième mois, le dixième jour du mois, vous humilierez vos âmes, vous ne ferez aucun ouvrage, ni l'indigène, ni l'étranger qui séjourne au milieu de vous.

30 : Car en ce jour on fera l'expiation pour vous, afin de vous purifier: vous serez purifiés de tous vos péchés devant l'Éternel.

31 : Ce sera pour vous un sabbat, un jour de repos, et vous humilierez vos âmes. C'est une loi perpétuelle.

32 : L'expiation sera faite par le sacrificateur qui a reçu l'onction et qui a été consacré pour succéder à son père dans le sacerdoce; il se revêtira des vêtements de lin, des vêtements sacrés.

33 : Il fera l'expiation pour le sanctuaire de sainteté, il fera l'expiation pour la tente d'assignation et pour l'autel, et il fera l'expiation pour les sacrificateurs et pour tout le peuple de l'assemblée.

34 : Ce sera pour vous une loi perpétuelle: il se fera une fois chaque année l'expiation pour les enfants d'Israël, à cause de leurs péchés. On fit ce que l'Éternel avait ordonné à Moïse.

Annexe 2

Extrait de « L'Arbre de vie[229]** » : Symbolisme du vêtement de peau** de Genèse 3.21

Le couple va vivre dans un autre environnement, atteint par le mal, la souffrance, le froid, la solitude, qu'entraîne sa séparation de Dieu. Pourtant Dieu ne les abandonne pas à eux-mêmes. Il est avec eux et pourvoit à leurs besoins physiques : pour lutter contre le froid, il leur donne un vêtement chaud.

Il se soucie de leurs besoins moraux et psychiques : le vêtement de peau accordé par Dieu, symbolise la « nouvelle peau », c'est-à-dire la nouvelle façon de vivre et de percevoir les choses grâce à Dieu. Ce vêtement nouveau remplace avantageusement la ceinture précaire de feuilles[230], qu'ils s'étaient fabriquée pour cacher la honte de leur nudité, ou de leur dénuement psychique. Dieu met un baume sur leur culpabilité, il les couvre avec amour pour leur redonner leur dignité perdue.

---

[229] D'Evelyne Zuber, Ed Vie et Santé, col Plaisir de vivre, Nov 2012
[230] Gn 3.7

Psychiquement protégé[231] de sa tendance naturelle à s'éloigner de Dieu[232], l'homme va pouvoir développer une personnalité et des relations avec les autres, fondées non plus sur des rapports de force, sur le mensonge et la dissimulation, mais sur la vérité, la loyauté et la miséricorde[233].

Zabou : Don du vêtement de peau

Quant à leurs besoins spirituels de pardon, de purification et de vie régénérée, les humains en perçoivent la satisfaction dans le sacrifice d'un animal innocent pour que l'homme coupable vive ; le vêtement de peau devient à ce niveau le symbole

---

[231] Plutôt que « libéré », car sous le vêtement il reste nu !
[232] Que Paul appelle « la vieille nature, le vieil homme » (Rm 6.6 ; Ep 4.22 ; Col 3.9)
[233] voir Rm 13.14 ; Ep 4.24 ; Col 3.9-10, 12, où la métaphore du vêtement appuie celle de la nouvelle naissance

du salut offert à l'homme par le Christ, mort sur la croix et ressuscité[234].

À partir de ce texte de la Genèse, les prophètes exploiteront le thème du vêtement, pour faire comprendre aux pécheurs la grâce dont Dieu les enveloppe. Ésaïe se réjouit pleinement « car l'Éternel l'a revêtu des vêtements du salut, il l'a couvert du manteau de la justice[235] ». Zacharie voit comment Dieu ôte les vêtements sales de Josué, le grand prêtre, pour le revêtir d'une robe blanche, signifiant ainsi son pardon complet[236].

Jésus emploie dans ses paraboles la même métaphore des habits nécessaires aux invités des noces[237] du fils du roi.

L'Apocalypse (19.8) enfin pare l'Épouse des vêtements blancs de sa justification par Dieu, pour accueillir l'Agneau. »

---

[234] Voir le développement dans la seconde partie ch III
[235] És 61.10
[236] Za 3.4-5
[237] Mt 22.11-12

Annexe 3
Daniel 7.9-13 : Le jugement préliminaire

(Vision dans le ciel[238])
V 9 : Je regardais, pendant que l'on plaçait des trônes.
L'Ancien des jours s'assit. Son vêtement était blanc comme la neige et les cheveux de sa tête purs comme de la laine.
Son trône était comme des flammes de feu, et les roues comme un feu ardent.
V 10 : Un fleuve coulait et sortait de devant lui.
Mille milliers le servaient, et des myriades se tenaient en sa présence.
Les juges s'assirent et les livres furent ouverts.

(Vision sur la terre)
V 11 : Je regardai alors, à cause des paroles arrogantes que prononçait la petite corne (aux yeux comme des yeux d'homme, v8).
Et tandis que je regardais la bête fut tuée et son corps périt, livré au feu pour être brûlé.
V 12 : Les autres bêtes furent dépouillées de leur puissance, mais une prolongation de vie leur fut accordée jusqu'à un certain temps.

(Vision dans le ciel)
V 13 : Je regardais pendant mes visions nocturnes, et voici que sur les nuées du ciel arriva comme un fils d'homme.
Il s'avança vers l'Ancien des jours et on le fit approcher de lui.

---

[238] Les parenthèses sont de l'auteur.

V 14 : On lui donna la domination, l'honneur et la royauté ; et tous les peuples, les nations et les hommes de toutes langues le servirent.
Sa domination est une domination éternelle qui ne passera pas, et sa royauté ne sera jamais détruite.

ooooooooo

La composition de ce texte, en deux parallèles situant la scène au ciel, et encadrant une scène centrale terrestre, veut indiquer la simultanéité des trois tableaux.

D'autre part, il est à remarquer que le fils de l'homme ne vient pas sur la terre, mais s'approche dans le ciel de l'Ancien des jours sur son trône, en présence de juges. Ce n'est pas le retour de Christ, mais ce moment spécifique symbolisé par le Jour des Expiations, où le Christ franchit le voile du Lieu Très Saint pour entamer la dernière phase de sa mission de salut, la purification de son sanctuaire « céleste » ou « spirituel », dans son peuple de toutes nations et de toutes langues. Pendant cette œuvre de jugement spirituel, dont les élus discernent les signes mais ne connaissent pas les sentences, le monde vit ses derniers événements avec la chute des puissances terrestres, (bêtes et petite corne). Lorsqu'elles auront été vaincues, et lorsque son peuple aura été rassemblé, le Fils de l'homme recevra la domination éternelle sur son royaume enfin rétabli[239].

---

[239] Apocalypse 21 à 22.5

Remerciements

Je tiens avant tout à manifester ma reconnaissance pour l'immense travail sur le Sanctuaire accompli par l'équipe de Maxime Bouvet, et par Lilyane Bonvalot-Winand, lors de la parution d'une mallette pédagogique sur le sujet, à la Fédération France Sud des Églises adventistes, à la fin des années 1990. Leurs recherches et leurs interprétations bibliques m'ont été fort précieuses, pour comprendre moi-même le message du sanctuaire.

Évidemment, ma gratitude va toute entière à Jean-Daniel, mon époux, qui a partagé mes réflexions et relu en premier mon manuscrit ! Ses conseils sont toujours d'une grande pertinence !
Je n'oublie pas mes amis et mes autres re-lecteurs, dont les sages avis m'ont permis d'achever cet ouvrage. À chacun d'eux un grand merci, et plus spécialement à mon professeur d'hébreu, Teofilo Ferreira, qui m'a initiée aux profondeurs de la langue biblique !

Table des matières

Introduction ....p 9

Première partie : Le sanctuaire terrestre...... p 15

I- L'Éternel maître d'ouvrage et architecte......p 17

II- La structure du sanctuaire terrestre............p 23

III- Les rites du sanctuaire ....p 30

Deuxième partie : Le sanctuaire céleste ....p 39

A- le parvis, demeure du Dieu Fils incarné......p 52

B- Le Lieu Saint, demeure du Dieu Esprit........p 70

C- Le Lieu Très Saint, demeure du Dieu Père...p 75

D- La réhabilitation du Sanctuaire céleste......p 99

Troisième partie : **Le sanctuaire du cœur**....p 109

Conclusion générale............................p 123

Annexe 1 : Lévitique 16............................p 125

Annexe 2 : Extrait de « l'Arbre de Vie »..........p 129

Annexe 3 : Daniel 7.9-14............................p 133

Remerciements ....p 137

Table des matières ....p 139